小学校英語

指導スキル大全

授業力アップのための必須スキルを **60本収録!**

坂井邦晃 編著

明治図書

はじめに

　この写真は，担任していた低学年のクラスで英語活動をしていた時の一枚です。「グループで協力して，アルファベットの大文字を身体で表してみよう。」という課題で楽しく活動していました。「少し難しいかな。」と思いつつ「Ｃは作れる？」と問いかけると子どもたちはワイワイと相談した後，「カンタンだよ，先生！」とこのように床の上に寝そべり作ってみせてくれました。

　私が過去に受けた中学校や高校の英語の授業は，教科書を読み，単語の意味を辞書で調べ，日本語に訳して文法事項とともに覚えるということがほとんどでした。もちろんそれも大切な学習方法の一つです。しかし，小学校の子どもたちにそのような学習を課すことはできません。

　小学校英語では単なる知識や技能の習得だけを目指すのではなく，成長過程に応じた様々な楽しい活動の中で，子どもたち同士のつながりを深めながら，基礎的な知識や技能とともに，未知の言語や文化に積極的に関わっていこうという姿勢を育てていきたいものです。

　では実際にどうしたらよいのでしょう。「楽しい授業にしたいけれど，ど

うしていいか分からない。」あるいは「英語を教えるなんて自信がない。」と悩んでいる教師は多いです。本書は，そのような先生方にこそ読んでいただきたいと思い，小学校英語授業に必要なスキルを，具体的な実践例とともに分かりやすく示しました。

　この本で紹介する実践例は全て，執筆メンバーが実践したものです。子どもたちからも好評で「先生，英語の授業をもっとやりたいです。」「英語がますます好きになりました。」という声をたくさんもらいました。ページをめくってみて「これならできそう。」というものを，子どもたちと一緒にやってみてください。実践する中で，ご自身のスキルアップも図れることと思います。指導に悩む先生方のお役に立つことができれば，これほどうれしいことはありません。

　本書の執筆メンバーは新潟市に拠点を置くNPO法人PENの会（ペンの会　正式名称：にいがた小学校英語教育研究会）の会員です。PENの会には小学校教員を中心に，中学・高校・大学の教員，元教員，児童英語教師，学生等，英語教育に関わる様々な立場の人々が参加しています。全国各地に広がる会員の数は現在約500名です。15年以上にわたり，よりよい小学校英語教育のあり方について実践研究を行ってきました。

　PENの会の活動がなければ本書は誕生しえませんでした。多くの会員の方々から貴重な実践資料を快くご提供いただきました。理事の外山節子氏からは日頃の授業実践においてばかりでなく，本書執筆に当たってもきめ細かにご指導をいただき，同じく理事の野口昌子氏からも執筆に当たって様々にご指導をいただきました。ここに改めて感謝申し上げます。

2019年3月

坂井　邦晃

Contents

はじめに 2

Chapter 1 英語授業づくりの鉄板スキル5

❶主体的・対話的で深い学びのある授業づくりのスキル 8
❷教材研究・教材作りのスキル 10
❸１時間の授業デザインのスキル 12
❹学習指導案作成のスキル 14
❺年間指導計画作成のスキル 16

Chapter 2 英語授業の指導スキル60

4月の授業開き
❶教師の呼び方を決めるスキル 20
❷自己紹介のスキル 22
❸英語で表現する楽しさを体験させるスキル 24
❹じゅげむジャンケンであいさつを楽しく学ばせるスキル 26

導入・ウォームアップ
❺楽しいおしゃべりから英語での発話を促すスキル 28
❻テンポよく歌を導入し，子どもたちに歌わせるスキル 30
❼歌で身体も心も動かすスキル 32
❽授業の導入で子どもたちを注目させるスキル 34

教室英語
❾英語で一日のスタートを切るスキル 36
❿英語で授業を進めるスキル① 38
⓫英語で授業を進めるスキル② 40
⓬ＡＬＴとの打ち合わせを英語で進めるスキル 42

聞くこと・話すことの指導

❸質問する勇気を育てるスキル -- 44
❹集中して聞く力を育てるスキル ------------------------------------ 46
❺効果的なリスニング指導のスキル ---------------------------------- 48
❻ドミノカードゲームで発話を促すスキル ---------------------------- 50
❼様々なピクトグラムを考えさせるスキル ---------------------------- 52
❽UNOゲームで発話を促すスキル ---------------------------------- 54
❾Small Talk を使った指導スキル --------------------------------- 58
❿レストランでの会話を指導するスキル ------------------------------ 60

読むこと・書くことの指導

㉑アルファベットを楽しく書かせるスキル ---------------------------- 64
㉒身近な数字を読ませるスキル -------------------------------------- 68
㉓自分の名前を4線に書かせるスキル -------------------------------- 70
㉔自分の名前のアルファベットを言わせるスキル --------------------- 72
㉕アルファベットの名前と音を学ばせるスキル ----------------------- 74
㉖自分の名前の意味を考えさせるスキル ----------------------------- 76
㉗将来の夢を表現させるスキル -------------------------------------- 78

教材・教具・教室環境

㉘スマホを授業で使うスキル① -------------------------------------- 82
㉙スマホを授業で使うスキル② -------------------------------------- 84
㉚掲示物で子どもたちの学びを支援するスキル ----------------------- 86
㉛教室に置くモノで子どもたちの学びを支援するスキル --------------- 88
㉜子どもたちが楽しく学べる絵本を選ぶスキル ----------------------- 90
㉝絵本の読み聞かせの準備を進めるスキル --------------------------- 92

アルファベットの指導

㉞アルファベット表を使って楽しく学ばせるスキル ------------------- 94
㉟身体でアルファベットを作り学ばせるスキル ----------------------- 96
㊱アルファベットを楽しく学ばせるスキル --------------------------- 98
㊲文字の名前と形を一致させるスキル ------------------------------- 100

色・形の指導

㊳身の回りの色に着目させるスキル -------- 104
㊴色の不思議を体験させるスキル -------- 106
㊵国旗を使って色・形を学ばせるスキル① -------- 108
㊶国旗を使って色・形を学ばせるスキル② -------- 112
㊷The Rainbow Song で色を学ばせるスキル -------- 116

数の指導

㊸簡単なクイズ作りで数を指導するスキル -------- 118
㊹The Smallest Number Game で数を指導するスキル -------- 120
㊺百の位,千の位までの数を学ばせるスキル -------- 122
㊻万の位までの数を学ばせるスキル -------- 124

曜日,月の指導

㊼曜日をゲームとチャンツで定着させるスキル -------- 126
㊽曜日を歌とアクティビティーで定着させるスキル -------- 128
㊾月の名前を定着させるスキル -------- 130
㊿月の名前を使って簡単なやり取りをさせるスキル -------- 132

世界の国々に関する指導

㉑世界の「こんにちは」に目を向けさせるスキル -------- 134
㉒他教科との関連から推測する力を育てるスキル -------- 136
㉓オリンピックの開催地から世界に目を向けさせるスキル -------- 138
㉔オリンピックのピクトグラムに注目させるスキル -------- 140
㉕パラリンピック競技への関心を高めさせるスキル -------- 142
㉖将来の夢を国際理解につなげる指導スキル -------- 144

季節の行事の指導

㉗ハロウィンを楽しく学ばせるスキル -------- 148
㉘クリスマスを楽しく学ばせるスキル -------- 152
㉙バレンタインデーを楽しく学ばせるスキル -------- 156
㉚イースターを楽しく学ばせるスキル -------- 158

Chapter 1

英語授業づくりの鉄板スキル5

① 主体的・対話的で深い学びのある授業づくりのスキル

POINT
❶導入で子どもたちを引き付ける
❷対話的な学びの場を確保する
❸深い学びにつながる学習課題を持たせる

①導入で子どもたちを引き付ける

　「面白そう。」「何だろう？」と，子どもたちを引き付ける導入を工夫しましょう。それが，子どもたちの思考を活発に働かせ，主体的な学びを促すことにつながります。『We Can!1』Unit5 She can run fast. He can jump high. の授業で"校長先生のできること，できないこと"を取り上げてみました（実践についての詳細は84ページ参照）。校長先生の写真を見せながら子どもたちに聞きます。「Please guess. Can Mr. ＿＿＿＿cook? ＿＿＿＿校長先生は，料理ができるかなあ？　Yes or No?　イエスかノーか？」子どもたちは「えー？　どうだろう？」「意外とできるんじゃない？」などとにぎやかに考え始めます。子どもたちの興味・関心，実態に即して，好奇心を刺激する場面設定を考えてみましょう。これが主体的な学びを実現させる上で重要なポイントです。

②対話的な学びの場を確保する

　導入で子どもたちを引き付けたら，教師が一方的に答えを伝えるのでなく，子どもたち同士の対話的な学びの場を確保します。例えば「友だちと相談してごらん。」と時間を取るだけで，子どもたち同士で考え，交流し始め

ます。この授業では「校長先生，料理が得意だって言っていたよ。」等々，ワイワイと話し始めました。このような場は，子どもたちが言語材料を学習する上でも貴重な機会を生みます。「Please guess. Can Mr. ＿＿＿ cook?」という教師の質問に対して"先生は英語で何か聞いたけど，何を聞いたのかなあ？"という子どもたちがクラスには何人かいます。全体の前で手を挙げて教師に質問することはできなくても，隣の友だちに「cookって，どういう意味？」と聞くことはできます。友だちは「それはね。校長先生は料理ができるかどうかって聞いたんだよ。」と答えてくれます。このように，日本語と英語の様々な情報を対話を通してやり取りすることで，子どもたちは自分の考えを深めるとともに，言語材料に対する知識・理解を確かなものにしていくのです。

③深い学びにつながる学習課題を持たせる

この授業では，料理だけでなく，校長先生のできることについていくつか質問をしました（水泳，野球，サッカー，けん玉，一輪車など）。子どもたちの知りたいという気持ちはさらに高まります。ここで教師は「直接校長先生に英語でインタビューしてみたらどう？」とか「ALTや他の先生にも聞いてみよう。」と投げかけることもできます。これによって子どもたちに，知りたいという気持ちとともに，できることやできないことを聞いたり伝え合ったりするという課題を持たせることができます。

英語でインタビューを行うに当たって子どもたちは，「一輪車が乗れるかどうかは，Can you ride a unicycle? でいいのかな？」などと考えることになります。課題を解決するために，既習事項の中から必要な言語材料を選んで活用する場面が生まれるのです。インタビューする英語の文を書きとめておくことも必要となります。また，質問する相手を意識してインタビューの練習をすることも考えられます。この一連の過程で，言語材料を活用する力がより確かなものとなり，より深い学びが実現されていくのです。

（坂井　邦晃）

2

教材研究・教材作りのスキル

> **POINT**
> ❶テキストで授業の流れをつかむ
> ❷子どもたちのゴールイメージを持つ
> ❸いろいろな種類の活動を取り入れる

①テキストで授業の流れをつかむ

　学習する単元のページをめくってみます。例えば『Let's Try!1』Unit1 Hello! の最初の見開きページ。様々な国の子どもたちが，地球の上に並んで立ち，こちらを向いてあいさつをしています。子どもたちの頭上には，万国旗があります。書かれてある英語を声に出して読んでみましょう。デジタル教材等も音を出し映像も見てみます。付属する指導書や指導案，絵カード等の教材も確認します。これらをやっただけで単元全体の授業の流れがつかめます。さらに，以下のようなアイデアも浮かんできて，指導案の組み立てがより具体的に見えてくるでしょう。

　・たくさんの国旗があるから国名を教えよう。
　・世界地図を準備しよう。
　・いろんな国の写真を見せたいな。
　・国旗のカードを作ろう。

②子どもたちのゴールイメージを持つ

　次は，その単元で目指すべき子どもたちのゴールイメージを持つことです。例えば，この単元の指導案では終末の段階で「自由に歩いて友だちとあ

いさつをして名前を言い合い，相手のテキスト紙面に自身の名前を日本語で書く。」という活動が示されています。自分の教室の子どもたちにあてはめて考えてみます。あいさつだけでも，子どもたちの実態によって目指すべき姿は違ってきます。

・Hello. I'm___. Nice to meet you. と言うか，Hello. I'm___. と言うか。
・握手をして相手の目を見てあいさつさせるか，ただあいさつだけをさせるか。

　低学年の時から十分に英語でやり取りしている学級も，そうでない学級もあります。教科書，テキストの指導書の目標そのままではなく，目の前の子どもたちの目指すべき姿をゴールイメージとすることが大切です。

③いろいろな種類の活動を取り入れる

　ただ絵カードを見せながら言葉を教え込むのではなく，子どもたちが興味を持ち，楽しみながら取り組める活動と教材を準備して授業を組織しましょう。この単元では，例えばこんな活動はできないでしょうか。

・チャンツでいろいろな国の名前を言ってみる。
・Hello の代わりに，いろいろな国のあいさつで自己紹介を行う。
・その国のあいさつを，言葉だけでなく動作もつけて言ってみる。
・クイズ形式で，いろいろなあいさつを聞かせて国名を考えさせる。
・国旗の一部を見せ，その国名を当てさせる。
・名刺大の国旗カードを持たせ，同じ国旗を持っている仲間探しをする。
・名刺大のカードを使って，神経衰弱の要領でゲームをしながら国名を覚えさせる。
・知っている外国のことについて発表する。

　既存の指導計画や指導案を活用することは大切ですが，あくまでも子どもたちの実態を見て活動を組み立てましょう。様々な活動を取り入れ，教室の全ての子どもたちが生き生きと活躍できる多様な場面を作ることが大切です。

(坂井　邦晃)

3

１時間の授業デザインのスキル

POINT
- ❶子どもたちに合った目標を決める
- ❷短時間の活動を組み合わせる
- ❸楽しみながら繰り返させる

①子どもたちに合った目標を決める

　テキストの指導案をもとにして，クラスの子どもたちに合った目標を決めます。例えば，文科省の指導案によると『We Can!1』Unit6 I want to go to Italy.の第１時間目の目標はこのようになっています。「世界遺産や地域の特色についてまとまった話を聞いて，具体的な情報を聞き取るとともに，４線に国名を書き写すことができる。」これをそのまま使うのでなく，クラスの子どもたちにとって適切な目標かどうかを検討します。子どもたちの実態を見て，最後の「４線に国名を書き写すこと」は次の時間に行うということ，また発展的な活動として，テキストに出てこない世界遺産について調べてみようという活動を付け加える場合もあるかもしれません。指導書の指導案はあくまでも参考にして，その時間の目標は教師自身がしっかりと定めることが大切です。

②短時間の活動を組み合わせる

　その時間の目標が決まったら，45分間の授業を基本的に，この表のような時間配分で構成してみます。中心となる活動を３つで構成し，それぞれが10〜15分間の短時間の活動とします。テキストに付属の指導案もこのような形

が多くなっています。この利点は，短時間の活動を組み合わせることで授業全体にテンポが生まれ，子どもたちが飽きずに集中して授業に取り組めるということです。また，聞くこと・話すこと，読むこと・書くこと等の活動がバランスよく配置されているかも容易に確認することができます。もし，3つの活動を見て，「ずっと座ったままの学習が続くな。」と思ったら，身体を動かしながら学ぶ別の活動に入れ替えることができます。授業プランの加除修正も容易です。

1	導入，ウォーミングアップ	5分
2	活動1（Let's Watch and Think）	10〜15分
3	活動2（Countries Jingle，キーワードゲーム）	10〜15分
4	活動3（Let's Read and Write）	10〜15分
5	まとめ，振り返り	5分

※上の表の（ ）の中の活動は，『We Can!1』Unit6 I want to go to Italy. の第1時間目のもの。

③楽しみながら繰り返させる

　高学年では外国語が正式な教科になります。歌やゲームだけで楽しく慣れ親しむだけでは不十分で，繰り返し学び，学習内容を定着させる段階まで高めなければなりません。しかしこれを「繰り返しのドリル学習を行えばよい。」と勘違いしてはいけません。

　作成した指導案を見直してみましょう。前の授業と同じことを繰り返すだけになっていないでしょうか。例えば1つのチャンツの指導でも変化をつけることが可能です。

　　・絵カードを見せて，その言葉が聞こえたら指さす。
　　・音声を聞き，絵カードの言葉だけ口パクしてみる。
　　・2つのグループに分かれて，パートを決めて言ってみる。

　子どもたちにとって，楽しみながらいつの間にか繰り返し学習していた，という状態を目指しましょう。

(坂井　邦晃)

4

学習指導案作成のスキル

POINT
❶毎時間の授業では簡略版で対応する
❷フォーマットをもとに作成する

①毎時間の授業は簡略版で対応する

ここでいう簡略版の指導案は、いわゆる研究授業の時に作成するような指導案ではなく、日々の授業ですぐに使えるものです。

教材研究・教材作りの項でも述べたように、指導案作成もテキストに付属している指導案を活用します。まず付属の指導案の展開部分をＡ４判にコピーして使います。Ａ４判１枚におさめることで、授業中も片手で持ち、見ることができます。

上の写真は、私が実際に使った『Let's Try!』の指導案です。文科省のサイトからダウンロードし、授業するクラスの実態に合わせてアレンジしました。差し替えたアクティビティーがはっきりと分かるように、手書きで書き加えています。指導上の留意点やクラスルームイングリッシュも書き込んでいます。

下の写真は、さらにこれを進めた小さなメモ

です。授業で行う活動を箇条書きにし，その所要時間を書いたものです。英語の授業に慣れてきて，項目だけを見ただけで活動がイメージでき，授業を進められる場合にはこれを使います。

②フォーマットをもとに作成する

簡略版だけでなく，じっくりと指導の構想を練った指導案作りにも挑戦します。その時，参考にしたいものの一つが『小学校外国語活動・外国語研修ガイドブック』（文科省）。この中の「実践編　3指導案作成」では基本的な学習指導案の様式がフォーマット例として示されています。指導案の形式については各学校で独自の形式がある場合もありますが，それらと調整を図りながら作成していきます。

例えば，このガイドブックで示している指導案の作成例では，「指導観」という項目があり，このような補足の説明文も示されています。

本学級の児童は，〜で，〜な経験をしている。外国語に対する意識は〜。（児童観）

本単元では，〜な題材を設定し，〜な教材を使って指導に当たる。（教材観）

第1時では，〜活動をし，〜させる。第2時では〜。本時の指導に当たっては，〜をし，〜するようにする。（指導観）

簡略版の指導案では簡単に，もととなる指導案を授業するクラスの実態に合わせてアレンジする，と書きました。それを改めて文章化したものがこの「指導観」です。

このようにフォーマットにしたがって指導案を作成していくことで，単元のゴールイメージをどのように設定しどのような手立てを講じるのかを文章化することになります。このことは，教師自身の授業を行う際の総合的な力を高めることにつながります。

（坂井　邦晃）

5 年間指導計画作成のスキル

> **POINT**
> ❶学校行事と連携させる
> ❷他教科，領域の学習と連携させる
> ❸季節の行事を取り入れる

　もとになるのはテキストの年間指導計画です。さらに，その指導計画と，学校行事や他教科等との連携はできないかを検討します。その単元の学習内容が，子どもたちが他教科等で学習して知っている内容であれば，安心して英語そのものに注意を向けやすくなります。また季節の行事を取り入れることで，興味・関心を高めさせながら，英語だけでなく，外国の文化や風習を学ばせることもできます。『Let's Try!』と『We Can!』の学習内容と関連できそうな活動例を以下に示します。

①学校行事と連携させる

【運動会，体力テスト】『We Can!1』Unit5 She can run fast. He can jump high. 運動の種目等について，できることやできないことを伝え合う。

【遠足，校外学習】『Let's Try!1』Unit2 How are you? お弁当を食べる様子やその時の感情や状態を伝え合う。

【給食週間】『We Can!1』Unit8 What would you like? 世界にはどんな料理があるかを知る。

【海外の学校との交流会やお客様を迎える】『Let's Try!2』Unit8 This is my favorite place. 『We Can!2』Unit2 Welcome to Japan. 及び

Unit4 I like my town. 自分たちの学校，地域，国を紹介する。

②他教科，領域の学習と連携させる

【国語】『We Can!2』Unit5 My Summer Vacation，Unit7 My Best Memory 楽しかった思い出を伝え合う。
【社会】『We Can!1』Unit6 I want to go to Italy. 行ってみたい国や地域を伝え合う。
【図工】『Let's Try!1』Unit4 I like blue. 自分の好みの色を伝え合う。
【音楽】『We Can!2』Unit3 He is famous. She is great. 楽器の名前，演奏できる楽器を伝え合う。
【キャリア教育】『We Can!1』Unit1 Hello, everyone. 『We Can!2』Unit8 What do you want to be? 自分の能力を生かすことができるような将来の仕事について伝え合う。
【健康教育】『Let's Try!2』Unit4 What time is it? 『We Can!1』Unit4 What time do you get up? 時刻や日課の言い方や尋ね方に慣れ親しむ。一日の生活について伝え合ったりする。

③季節の行事を取り入れる

例えば，日本でも年中行事のようになっているクリスマス。子どもたちの中には，ケーキを食べてプレゼントをもらう日だとしか考えていない子が多いかもしれません。しかし，その起源を学ぶことで新たな発見が生まれ，日本と外国とのクリスマスの過ごし方の違いを知ることで，文化や風習の違いを学ぶことにもなります。なお，授業でこのような行事を取り入れる時には，宗教的な配慮も充分に行いましょう。

第2章では，ハロウィン，クリスマス，バレンタインデー，イースターの実践についても述べています。可能な範囲で，これらを年間指導計画の中に取り入れてみましょう。

(坂井　邦晃)

Chapter 2

英語授業の指導スキル60

4月の授業開き

教師の呼び方を決めるスキル

POINT
❶ 1年間を通して使う呼び方を決める
❷ 子どもの名前の呼び方も決める

① 1年間を通して使う呼び方を決める

1年間の英語の授業がスタートします。

「Hello, everyone! My name is Kuniaki Sakai.」お決まりのあいさつ。問題はこの後。「Please call me ＿＿＿＿＿．（私を＿＿＿＿＿と呼んでください。）」という部分。

あなたは，子どもたちにどのように呼ばせたいですか？ 呼び方は教師と子どもたちとの距離感も決めることになります。1年間の英語の授業を進めるに当たっては大切なことです。

【呼び方の例　坂井邦晃の場合】		
ていねい	(1)	Sakai sensei.　Mr. Sakai.
↓	(2)	Kuniaki sensei.　Kuni sensei.
↓	(3)	Kuniaki.
気軽	(4)	Kuni.　Kunichan.

（1）は一般的な「＿＿＿＿先生」という呼び方。一番抵抗がないかもしれません（「○○先生」をそのまま英語に訳して，「○○ teacher.」と言わせる方がいますが，それはおかしな表現。「Mr./Ms. ○○ .」という言い方

が自然)。
　(2)のように，ファーストネームを使うというのもあるでしょう。
　(3)は「先生」をつけない言い方。
　(4)は名前の一部，ニックネーム。
　また，この他に英語の時間だけは，英語名のニックネームを使うという方法もあるでしょう。

　どれが正解というわけではなく，ALTとの話し合いで決める場合，あるいは学校内や学年内で，ルールを決めている場合もあるかもしれません。その学校の状況に合わせて選びましょう。1回決めたら1年間通してその呼び方を使わせることが大切です。
　私は(1)あるいは(2)の呼び方を使っています。授業中には，教師の名前の呼ばせ方は，気軽さよりもていねいさが必要だと考えているからです。

②子どもの名前の呼び方も決める

　子どもたちの名前の呼び方も決めましょう。子どもの名前が山田太郎の場合，「Yamada!」と呼び捨てにする教師は，今は少ないと思います。「Yamada san. (kun.)」「Taro san. (kun.)」が一般的で，あるいは「Taro.」とファーストネームで呼び合う学級もあるかもしれません。これも教師の場合と同様にルールを決めておきます。

　私は以前に，「Hello, boys and girls!」という表現をよく使っていました。ところが「LGBT（性的マイノリティー）に配慮した表現にすべき。」と知人から指摘を受けました。今は，「Hello, everyone.」と言うようにしています。教師は使う言葉，子どもたちへの呼びかけの一つ一つにも慎重に配慮したいものです。

（坂井　邦晃）

4月の授業開き

自己紹介のスキル

> **POINT**
> ❶モノとジェスチャーで引き付ける
> ❷英語を学ぶ姿勢も教える

①モノとジェスチャーで引き付ける

　いきなり英語だけで自己紹介をしたらどうなるでしょうか。おそらく多くの子どもたちは「えっ，ナニ？　今，先生は英語で自己紹介したらしいけど，何て言ったの？」となるでしょう。

　クラスの実態にもよりますが，私はこのようにします。飼っている猫の写真を準備し，事前にジェスチャーの練習をしておきます。

　「これから，先生の自己紹介を英語でします。先生が住んでいる場所はどこでしょう？　好きなものは何でしょう？　後で聞きますよ。しっかり聞いてください。」つまり，聞くポイントを事前に示すのです。これによって，子どもたちに，しっかり聞いて答えを見つけよう，という姿勢が生まれます。

　「Hello, everyone. My name is Kuniaki Sakai.（黒板にローマ字で名前を書く。）Please call me Sakai sensei. I live in Niigata city. I like swimming.（泳ぐ真似をする。）I like cats.（ニャオ～と言いながらネコの真似をする。）Do you like cats? This is my pet.（準備していた左

のような写真を見せる。）His name is チョコ丸．（指を5本立てながら）He is five years old. Thank you.」

　短い自己紹介ですが，いろいろな手立てを使っていることが分かると思います。英語を使った，実際のコミュニケーションの場面を考えてみましょう。相手の表情，身振りや手振り，声の様子，さらにはその場のシチュエーション等々を総合的に判断することが必要とされます。人と人のコミュニケーションは，音声だけで行われるのではありません。実際の授業の場面でも，そのような状況を作り出す必要があります。

②英語を学ぶ姿勢も教える

　子どもたちに，聞き取れた内容を聞くと，事前の質問の答えを，さらには，ペットの猫の名前，その歳も答えてくれるでしょう。

　「Very good! Well done!　よくできました！」と大いにほめ，尋ねます。「どうして，こんなによく聞き取れたの？」子どもたちは，「だって，先生のジェスチャーや写真を見ていたら分かるよ。」と答えます。

　さらに続けます。「英語を聞いて，その一部分でも分からないと，すぐにあきらめてしまう人はいませんか？　英語の学習では，出会う英語を全て理解するというのは無理なことなのです。でも，今のように集中して理解しようとすると，答えを見つけるための手がかりがつかめるのです。その手がかりをもとに，内容を考えることがとても大切なのです。」子どもたちに，英語を学ぶ姿勢を説明するのです。

　下の文を参考に，自己紹介を作成してみましょう。
　「Hello, everyone. My name is (　　　　　　　). Please call me
　 (　　　　　　　). I live in (　　　　　　　).
　 I like (　　　　　　). I like (　　　　　　).
　 Do you like (　　　　　　)? This is (　　　　　　). Thank you.」

（坂井　邦晃）

4月の授業開き

英語で表現する楽しさを体験させるスキル

POINT
❶絵本『Yo! Yes?』の読み聞かせをする
❷ペアで動作化をさせる

①絵本『Yo! Yes?』の読み聞かせをする

　子どもたちはこのような思いで，英語の授業に対して不安を持っているかもしれません。「授業は難しくないだろうか。」「間違えたらどうしよう。」大人でも，未知の言葉を学ぶ時には，同様の不安を感じます。

　4月は，そのような子どもたちの不安を払しょくするような楽しい活動で始めます。「言葉を学ぶのは楽しい。」「気持ちを伝えられるのは言葉だけではないんだ。」という気持ちを持たせたいからです。

　絵本『Yo! Yes?』(Chris Raschka 作) を使った活動を行います。この絵本は，2人の登場人物が短い会話を交わしながら心を通い合わせ，最後は友だちになるという話です。最初の見開きページに出てくる言葉は Yo! と Yes? の2つだけで，全ページがこのように，1～2語で構成されています。

　表紙と中表紙を見せ，タイトルと2人の登場人物を確認します。最初の見開きです。「(左側の少年を指さし) Yo! と大きな声で呼びかけています。(右側の少年を指さし) Yes? と小さな声で答えています。この Yo!ってどんな意味でしょうか？」と聞きます。子どもたちからは，「おい！」「よお！」等の意見が出ます。右側の少年の Yes? も同様に聞きます。「え？」「何？」等の意見が出ます。子どもたちは絵の力も借りて，短いセリフを自

分なりの言葉で解釈して表現します。このように，登場人物のセリフを時々日本語で考えながら，最後まで読み進めます。もし ALT がいたら，教師と2人で登場人物の役割を決めて読み進めるとよいでしょう。

②ペアで動作化をさせる

ペアを作らせ登場人物の分担を決めます。最初の見開きページから，セリフもつけて動作化をさせ，教師は絵本を持ち，セリフを一緒に言います。

実際の授業では，最初は恥ずかしがっていた子どももいましたが，ページが進むにつれて楽しく役になりきり身体いっぱいで表現していました。最後のページでは「この絵のように，2人で手をつないで Yow! とジャンプしよう。」と促すと，ほとんどのペアが Yow! と言いながら楽しそうにジャンプしていました。

「短い英語でも意味が通じることが分かった。」「ジェスチャーとかが大切なことがよく分かった。」またある子どもは，「ひとりぼっちの時に，友だちから声をかけてもらって，すごくうれしかった。」と述べていました。表現することの楽しさとともに，コミュニケーションの大切さに気づいてくれたようです。

(坂井　邦晃)

4月の授業開き

じゅげむジャンケンであいさつを楽しく学ばせるスキル

POINT
❶代表の子どもとゲームのやり方を実演して見せる
❷お互いの名前をしっかりと伝え合うようにさせる

①代表の子どもとゲームのやり方を実演して見せる

　友だちとあいさつを繰り返し練習しながら、落語『寿限無』のように自分の名前を長くしていくゲームです。準備が簡単で、楽しく短時間でできます。友だちとの関わりを増やしたり深めたりしたい4月にピッタリの活動です。
（1）ワークシートに自分の名前を書かせる（クラスの実態に応じて漢字でもひらがなでもよい。）
（2）代表の子どもと見本を示し説明する
　「これから、じゅげむジャンケンをします。友だちとあいさつをして、ジャンケンに勝ったら名前が長くなるゲームです。（と言い、歩き回るジェスチャーをしながら）Walk around the classroom and find a friend.　歩いて相手を見つけよう。そしてあいさつをします。」
教師　Hello. My name is ＿＿＿. Nice to meet you.
相手　Hello. My name is ＿＿＿. Nice to meet you, too.
　「Let's do *janken* in English. Rock, scissors, paper, 1, 2, 3!　ジャンケンをします。勝ったら、自分の名前の隣に相手の名前を書いてもらいましょう。名前を書いてもらったら、必ず Thank you. と言います。勝った人は次の人とあいさつする時は Hello. My name is ＿＿＿　＿＿＿. Nice to

meet you. と言います。」「負けた人は，勝った人のワークシートに，本当の自分の名前だけを書いてあげます。負けても，自分の名前が短くなることはありません。自分のワークシートに書いてある名前をそのまま使います。」

②お互いの名前をしっかりと伝え合うようにさせる

　名前が長くなってもお互いの名前をしっかりと伝え合うことを確認して，ゲームは3分程度行います。ゲーム終了後，数名の子どもに長くなった名前で教師とあいさつする形で発表させます。たくさんの友だちと関われたことを称賛します。

※この実践は吉田義子氏（新潟市立上山小学校）が『道徳と総合的学習で進める心の教育』（明治図書）の中の活動を発展させて，英語を使ったゲームにしたものである。

 VS

ゆみさんが勝つと……　　　　　　けんたさんが勝つと……

| My name is ゆみ けんた | My name is けんた | | My name is ゆみ | My name is けんた ゆみ |

ゆみさんが勝ち続けると……

| My name is ゆみ けんた　りさ　しんのすけ　…… |

```
            ジャンケンシート
My name is _____
           自分の名前
_____
```

（山本　尚子）

導入・ウォームアップ

楽しいおしゃべりから英語での発話を促すスキル

POINT
❶ 最初は日本語でおしゃべりさせる
❷ 学習した英語を少しずつ取り入れていく

①最初は日本語でおしゃべりさせる

あなたのクラスの子どもたちは，間違うことを気にしすぎて，英語の発話に消極的になっていないでしょうか。そういう時には，気楽な日本語のおしゃべりからスタートさせます。まず，話すのは楽しい，という気持ちを味わわせましょう。それが，少しくらいの間違いは気にせずに，積極的に取り組もうとする姿勢につながるからです。

「お隣とジャンケンをしよう。Rock, scissors, paper, 1, 2, 3！」2人組を作ってジャンケンさせます。「勝った人から1分間スピーチをします。負けた人にお話を聞かせます。お題は『この1週間で一番楽しかったこと』。どんな小さなことでもいいですよ。聞く方は批判しないでしっかり聞いてあげること。」

子どもたちが不安そうな顔をして見ているので，付け加えます。「あ，もちろん，日本語でいいですよ。You can speak in Japanese. Japanese is okay. Are you ready? Start!」よかったーと安心して，子どもたちは話し始めます。

1分経ったところで，「Stop. Time is up. そこまでです。2人で Thank you. と言って終わりましょう。」子どもたちは和やかに，Thank you! と言

って，会話を終えます。続けて，負けた人の番になります。

この活動を行うと，授業を明るくにぎやかに始めることができます。

「みんな，とっても楽しそうに自分のお話をしていました。拍手！」とお互いに，伝え合えたことに拍手を送ります。安心して何でも言い合える雰囲気は，表現活動の土台になります。

他にこんなお題は，どうでしょう。

この1週間で，一番，腹が立ったこと。笑ったこと。悲しかったこと。美味しかった食べ物。びっくりしたこと。などなど。

②学習した英語を少しずつ取り入れていく

英語で言える部分を増やしていきます。

「今日のお題は，好きなスポーツです。例えばI like badminton.と伝えます。なぜ好きかという理由は，日本語でもいいですよ。」と伝えます。

理由まで英語で言うのは，よほど英語に慣れていないクラスでないと難しいものです。最初はI like ＿＿＿＿．という表現だけで充分です。学習が進むにしたがって，少しずつ英語の部分を増やしていくようにします。

他のお題としては，

| ・一番好きな動物 | ・食べ物 | ・ゲーム |
| ・歌手や芸能人 | ・スポーツ選手　等々 | |

があります。クラスの子どもたちの実態に応じて選んでみましょう。

自分も楽しく話ができ，相手もその話をしっかり聞いてくれるというクラスの雰囲気は，表現する上で大切な条件です。子どもたちに，すぐに英語での発話を強いるのでなく，様々な活動で，このような雰囲気を作り出すことを心がけていきましょう。

（坂井　邦晃）

導入・ウォームアップ

テンポよく歌を導入し，子どもたちに歌わせるスキル

> **POINT**
> ❶短い歌を教師のアカペラで歌う
> ❷子どもたちの表情や動きを見ながら進める

①短い歌を教師のアカペラで歌う

　歌とチャンツを，ＣＤやデジタル教材に頼らず教師の声で聞かせます。教師の声で，アカペラで聞かせることは，次の点で効果的です。

> ・速さの調節や繰り返しが簡単。
> ・子どもたちの表情や動きを見ながら活動できる。
> ・両手が空くので手遊び等の動きがつけやすい。

　以下のような短い歌なら，CDを聞いて数回練習すれば覚えられます。次項の実践例を参考にしてください。

「Hello Song」　　　　　　　　　　　　　（文科省教材『Let's Try!1』より）
「The Hello Song」　　　　　　　（オックスフォード大学出版『LET'S GO』より）

②子どもたちの表情や動きを見ながら進める

【「Hello Song」（文科省教材『Let's Try!1』）の指導】
　授業の始まりの場面である。笑顔で「Hello!」とあいさつする。子どもたちも「Hello!」と返してくれる。「Let's sing Hello Song. Hello Songを

歌いましょう。」と「Hello Song」を歌う。歌に合わせて動きもつける（動きは『Let's Try!1』のテキストにあるイラスト参照）。

　2回目は，「Let's sing faster. 速く歌ってみましょう。」と1回目より速めに歌う。子どもたちが少しでも一緒に歌ってくれたら「Okay! Good!」とほめよう。

　3回目は「Let's sing with gestures. 動きをつけながら歌いましょう。Watch me and copy me. 先生を見て，真似してください。」と教師の真似をさせる。子どもたちがすぐにできないところは，何回も繰り返し歌う。

　教師が自分たちの動きに合わせた速さで歌ってくれるので，子どもたちは安心して活動に取り組むことができる。CDやデジタル教材は，機器の操作をするたびに，教師の視線は子どもたちからそれる。そのたびに，子どもたちの集中も切れる。アカペラで歌えば，子どもたちの表情や動きを見ながら進めることができる。

【「The Hello Song」（オックスフォード大学出版『LET'S GO』）の指導】

　進め方は，前述の「Hello Song」とほぼ同じ。ただ，この歌詞には，子どもたちが自分の名前を入れて歌う部分がある。My name is ＿＿＿. という部分である。CDの一定のスピードでは，なかなかタイミングが取れない子どももいる。そのような時，アカペラならば子どものスピードに合わせて間を取り，タイミングを合わせることができる。

　楽器を演奏できるなら，アカペラでなく，鍵盤楽器やギターなどを使っても楽しいです。しかし，ミスをしないように楽器だけを見なければ演奏できないレベルなら，アカペラの方がいいです。子どもたちの顔を見て演奏できるようになったら，授業で楽器を使います。

（坂井　邦晃）

導入・ウォームアップ

歌で身体も心も動かすスキル

> **POINT**
> ❶易しい歌で英語モードにする
> ❷使える歌を増やす

①易しい歌で英語モードにする

　他の教科の学習から気分を変えて，英語学習モードで授業をスタートします。そんな時には英語の歌を歌いながら身体も動かします。身体を動かせば，心も弾んできます。

　「One Little Finger」（文科省教材『Let's Try!』より）を使い，「Okay! Let's start the lesson with a song!　さあ，この歌で英語の学習を始めましょう！　Watch me and copy me.　教師を見て，真似してください。」と曲をすぐにスタートさせます。まず，教師が楽しそうに歌に合わせて動きをつけてみましょう。

```
one little finger　→　人差し指を立てる。
tap tap tap　→　身体の各部分を人差し指で軽くトントンとたたく。
point your finger up, down　→　人差し指で上，下を指す。
put it on head, nose, chin 等　→　その部分を人差し指でタッチする。
```

　短い歌なので，授業の冒頭で何回か続けて歌えば，子どもたちも自然に歌詞を覚えます。少しでも，子どもたちが一緒に身体を動かし，歌ってくれたら「Okay! Good!」とほめます。授業のスタートで，ほめられたら，子ど

もたちもやる気になります。

　この『Let's Try!』に収録されている歌が，テンポが速すぎる時には「One Little Finger」（Super Simple Songs より）を使います。YouTube でも公開されています。教師も動画を見ながら練習できます。

②使える歌を増やす

　このような授業のスタートで楽しく使える歌のレパートリーを少しずつ増やしていきましょう。

　前述した Super Simple Songs の YouTube サイトには，楽しく歌いながら身体も動かす歌がたくさん紹介されています。幼児，低学年向けの曲が多いのですが，学級の実態に応じて活用できるものもあります。

【BINGO】
　2番，3番と進むにつれて，アルファベットの代わりに，手をたたく箇所が増えていく。音楽の教科書にも載っている歌なので，子どもたちにもなじみがある。
【Head Shoulders Knees & Toes】
　曲に合わせて身体の各部分を触りながら，その名前を言う。2番，3番と進むにつれて曲がどんどん速くなる。
【Walking　Walking】
　walking, hop, running, stop, tiptoe 等，歌詞に合わせて様々な動作をする。
【If You're Happy】
　日本語の歌とはメロディーが微妙に違うが，「幸せなら手をたたこう」の英語バージョン。気持ちに合わせていろいろな動作が出てくる。
【The Pinocchio】
　グループで輪になって，歌に合わせて動くと楽しい。right/left arm, right/left leg 等，身体の各部分の名前が出てくる。

（坂井　邦晃）

導入・ウォームアップ

授業の導入で子どもたちを注目させるスキル

POINT
❶袋の中のモノ当てクイズで注目させる
❷準備したモノを活用して違うクイズにする

①袋の中のモノ当てクイズで注目させる

　子どもたちを,「何だろう？」と注目させます。そうすれば,「静かにしなさい！」と,大きな声で叫ぶことも少なくなるからです。

　中が見えない袋に,テニスボールを１個入れて聞きます。「What's in this bag?　この袋の中のものは何だろう？」子どもたちはそれだけで注目します。「ヒントをください！」という子どもが出てきます。「Okay, I'll give you a hint.　ヒントをあげましょう。It's a ball.　これはボールです。」さらに,「What sport is it/the ball for?　何に使うボールでしょう？　Basketball?　Baseball?　バスケットボール？　野球のボール？」と聞き,何人かに袋の外から触らせます。

　希望する子どもには袋の中に手を入れて触らせます。子どもたちの様子を見て,テニスをするジェスチャーを見せてもよいでしょう。考えを発表させたところで,答えを言います。「The answer is..（と,ゆっくりとじらして取り出しながら）It's a tennis ball!」当たった子どもがガッツポーズをしたりして楽しいものです。

　テニスボール以外に,卓球,野球,ゴルフのボールなども使えます。袋に入れるのは,できればその授業のメインの活動に関連したモノがよいでしょ

う。学用品，先生の持ち物など，その日の授業のテーマにつながるものを考えてみましょう。

②準備したモノを活用して違うクイズにする

　段ボール箱を準備し，その中にテニスボールを何個か入れておいて聞きます。「How many tennis balls are in this box?　この箱の中にテニスボールは何個入っているかな？」段ボール箱をゆすってゴトゴトという音を聞かせます。希望する子どもには，段ボール箱を持たせて，重さを体感させます。もう一度聞きます。「How many tennis balls are in this box?」予想する数に手を挙げさせます。「One?　Two?　Three?　…」

　全員から予想を聞いたら，箱から1個ずつ取り出し数えます。「Okay, let's count. One, Two, Three,,,」子どもたちは，真剣に教師の手元を見つめ，一緒に数えます。「Four, five!　正解は5個でした！」と空になった段ボール箱の中を見せます。正解だった子どもは歓声を上げて喜びます。

　テキストの絵や写真だけでなく実物を準備することで，子どもたちの注目度が高まります。頻繁に実物を準備することは難しいですが，様々に活用できます。

（坂井　邦晃）

教室英語

英語で一日のスタートを切るスキル

> **POINT**
> ❶朝の会を英語で進める
> ❷間違いやすい表現に注意する

①朝の会を英語で進める

　毎日行っている朝の会を，英語で進めてみます。子どもたちが，日常的に英語に触れる機会を増やすことができます。いきなり全て英語でなくとも，以下の表現を参考にして，少しずつ英語の部分を増やしていってみましょう。

T	Good morning.（おはようございます。）
C	Good morning, Mr./Ms. ＿＿＿.（おはようございます。）
T	How's everyone feeling today?（みなさん，元気ですか？）
T	Who's absent today?（今日お休みの人は？）
C	Yoko is absent.（洋子さんがお休みです。）
T	Who are today's leaders?（今日の日直さんは？）
C	Taro and Hanako.（太郎さんと花子さんです。）
C	Me.（私です。）
T	Let's get started.（では始めましょう。）
T	Let's start the lesson.（授業を始めましょう。）
T	I'm waiting for you to be quiet.（皆さんが静かになるのを待っているんですよ。）
T	Settle down, everybody.（みなさん，静かに／落ち着いて。）

②間違いやすい表現に注意する

　日本人の教師が，間違いやすい表現があります。例えば，Let's〜．Let'sはLet usの略，つまり教師も一緒に動作する時に使う表現です。教師も子どもたちと一緒に「みんなで，外に出よう。」と呼びかける時には，Let's go outside. と使います。しかし，子どもたちだけに何かをさせたかったら，命令形で表現します。

```
× （間違い）　Let's stand up.
○ （正しい）　Stand up.
```

　How are you? の使い方にも注意します。How are you? は，その日初めて会った時に交わす，簡単なあいさつです。健康観察や，「起立，礼」のような一斉のあいさつには使いません。

```
×　T　How are you?（授業始めのあいさつとしてクラス全体に聞く。）
　　C　（全員で）I'm fine. Thank you.
×　T　How are you?（健康観察として聞く。）
　　C　I'm hungry/sleepy/tired/happy/sad/etc...
○　T　How are you?　　C　I'm fine/good/okay/great.
```

　授業の最初で使う場合には，教師対クラス全員で使うのでなく，教室に入ってくる子どもに一人一人にHow are you? と声をかけるようにします。

※外山節子氏（敬和学園大学客員教授）提供の資料を活用させていただいた。

（坂井　邦晃）

教室英語

英語で授業を進めるスキル①

POINT
- ❶実際の授業で使いながら覚える
- ❷名詞の複数形に注意する

①実際の授業で使いながら覚える

　教師が「教科書の23ページを開いてください。」と日本語で言うと，子どもたちはすぐにそのページを開きます。しかし，英語で「Open your textbooks to page 23.」と言うとどうでしょう。子どもたちは「どういう意味なの？」「こういうことかな？」と考えます。特に，英語で授業を進めることに慣れていないクラスでは，なおさらです。教師が授業を英語で進めることは，子どもたちに推測する力を育てることにつながります。

　授業を全て英語で進めようというのではなく，具体的な作業・動作・行動が伴う活動の時に，英語で言える部分を増やしていくのです。この例文を見て，自分の授業で使えそうなものから使ってみましょう。慣れてくれば，その場に応じたジェスチャーや，表情もつけられるようになります。

T	Today we're going to learn about 〜. （今日は〜の勉強をします。）
T	Take out your textbooks. （教科書を出してください。）
T	Open your textbooks to page 23. （23ページを開いてください。）
T	Here are the worksheets. （ワークシート／プリントです。）
T	Take one and pass the rest on. （1枚取って回してください。）

T	Let's listen to the CD now.（CDを聞きましょう。）
T	We're going to sing "Head Shoulders Knees and Toes".（〜を歌います。）
T	Watch me and copy me.（先生を見て真似してください。）
T	Listen to the song.（歌を聞いてください。）
T	Stop working, please.（はい，やめてください。）
T	Thank you. You did a good job.（ありがとう。よくできました。）
T	Go back to your seat, please.（席に戻ってください。）
T	Collect the worksheets.（プリントを集めてください。）
T	Hurry up.（急いで／早くして。）
T	We have to stop now.（やめてください。）

②名詞の複数形に注意する

　例えば日本語では，1枚しかなくても，たくさんあってもプリント（ワークシート）という言い方は変わりません。単数形と複数形に意識を向け，正しい表現を心がけます。

×（間違い）	Please collect the worksheet.
○（正しい）	Please collect the worksheets.
×	Today we're going to learn about animal.
○	Today we're going to learn about animals.
×	Do you like dog?
○	Do you like dogs?

※外山節子氏（敬和学園大学客員教授）提供の資料を活用させていただいた。

（坂井　邦晃）

教室英語

英語で授業を進めるスキル②

POINT
❶ 1つのアクティビティーを英語だけでやってみる
❷ ジェスチャーも使って説明する

① 1つのアクティビティーを英語だけでやってみる

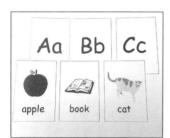

　簡単な教室英語が使えるようになったら、1つのアクティビティーを全て英語でやってみることに挑戦します。例で示すのは、子どもたちに Matching Game（神経衰弱）を説明する際のスクリプト。このゲームでは、絵カードとアルファベットカードを使います。カードを用意して、事前に活動を頭に思い浮かべながら、練習してみましょう。

Matching Game 神経衰弱のスクリプト

T　Today we're going to play a matching game.
　　（今日は matching game をしましょう。）

T　In Japanese, you say "shinkei suijaku." Do you know "shinkei suijaku."?
　　（日本語で「神経衰弱」と言います。「神経衰弱」は知っていますか？）

C　Yes！（知ってます！）／ No！（わかんなーい！）等の反応。

T　OK. The rule is not difficult, so don't worry.
　　（わかりました。ルールは難しくないので心配しないで。）

T　Here you have 10 alphabet cards and 10 picture cards.
　　（ここに10枚のアルファベットカードと10枚の絵カードがあります。）

T　First, you turn over an alphabet card.（裏返して見せる）This is "c."
　　（最初にアルファベットカードを裏返します。〈裏返して見せる〉これは c です。）

T　Next, you turn over a picture card.（裏返して見せる）This is "apple."
　　（次に絵カードを裏返します。〈裏返して見せる〉これは apple ですね。）

T　"c" and "apple" don't match, so you get no points.
　　（c と apple は一致しないのでポイントにはなりません。）

T　If you turn over "a" and "apple", you get one point.
　　（もし，a と apple を裏返したら，1ポイントになります。）

②ジェスチャーも使って説明する

　事前に準備して，練習したとしても，実際の授業ではなかなか英語が出てこない時もあります。日本語に切り替えて説明すれば簡単ですが，もう少し頑張ってみます。そのような時は，ジェスチャーも使います。例えば，裏返した2枚のカードが得点にならない時，両手でバツを作って見せ，No points. とだけ言うこともできます。これも浮かばないようなら，両手でバツを作って，残念な表情を浮かべて頭を振るだけでもよいのです。子どもたちには，伝わるはずです。

※外山節子氏（敬和学園大学客員教授）提供の資料を活用させていただいた。　　（坂井　邦晃）

教室英語

ALTとの打ち合わせを英語で進めるスキル

> **POINT**
> ❶誰が中心となって授業プランを立てるか決める
> ❷簡単な英語で活動を提案する

①誰が中心となって授業プランを立てるか決める

　ALTとの打ち合わせに使える簡単な英語を次ページに示しました。数年前に作成したもので、メインティーチャーとして授業に入るALTに、担任が短時間のアクティビティーを提案するという内容になっています。当時、筆者が勤務する小学校では、英語の授業をほとんどALTに丸投げする教師が多かったのです。そのような状況を少しでも変えなければと思い、作成しました。

　ALTだけでなく、英語専科教員の導入や地域人材との連携など各学校によって指導体制は様々です。しかし、大切なことは、誰が中心となって授業プランを作成し授業を進めるか、という点です。ここを各学校でもう一度、見直すことが必要です。これがはっきりできたら、誰とどのように連携していくかが明確になるでしょう。

　日本語をほとんど理解できないALTとの連携もこれまで以上に必要になるかもしれません。その時には、次ページの打ち合わせ英語を参考にしてください。

②簡単な英語で活動を提案する

〈ALTとの打ち合わせに使える簡単な英語〉

T　I'm going to make a lesson plan for the next class/week.
　　（次回は私が英語の授業のプランを考えます。）

T　It's a 15-minute activity.
　　（15分くらいのアクティビティーです。）

T　I'll take the 1st 15 minutes.
　　（授業の最初の15分間で行います。）

T　The aim/target of the activity is learning the names of colors.
　　（その活動のねらいは，「色の名前」です。）

T　Would you act as my assistant during the activity?
　　（その活動の際には私のサポートをしてくれますか？）

T　After my 15-minute activity, would you be the main teacher?
　　（私の活動の後に，メインティーチャーとしてアクティビティーを担当してください。）

T　You will have 30 minutes as the main teacher.
　　（持ち時間は30分間です。）

※この文例は，坂井が原案を作り，外山節子氏，野口昌子氏，ギャビン・チャン氏の校正を経て作成されたものである。

（坂井　邦晃）

聞くこと・話すことの指導

質問する勇気を育てるスキル

> **POINT**
> ❶サイコロ質問ゲームで安心して質問させる
> ❷牛乳パックサイコロの作り方

①サイコロ質問ゲームで安心して質問させる

　「分からないことがあったら，質問しましょう。」と促されても，恥ずかしさがあって，なかなか聞けません。これは大人も子どもも同じ。ましてや，英語でとなるとますます不安になってしまいます。

　このアクティビティーでは，グループ全員で質問することで，不安をなくし，「質問することなんて簡単だ。」という気持ちを持たせることができます。

　子どもたち4～5名のグループにサイコロを1個ずつ配ります。サイコロ6面にはカテゴリーと担任の教師またはALTの絵が貼ってあります。（カテゴリーの例：colors, TV programs, sports, foods, animals 等）

　サイコロを振る順番を決めます。1番の子が振り，colorの面が出た場合，他の子どもたち全員で「What color do you like?」と1番の子に尋ねます。1番の子は「I like blue.」のように好きな色を答えます。

　教師の面が出た場合，グループ全員で教師のところへ行き，例のように下線に好きなカテゴリーを入れて質問します。例「What food do you like?」

　グループ全員で質問するのなら，心強く，「先生に何を聞こうか？」とみんなで考えているうちに，楽しく質問している自分に気づくはずです。

②牛乳パックサイコロの作り方

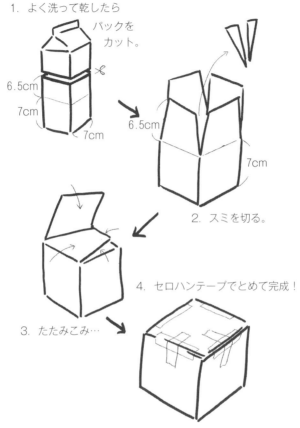

完成したサイコロの6面に,右の写真のように,担任の教師の絵,色,スポーツ等の質問させたいカテゴリーの絵を貼ります。

(山本 尚子)

聞くこと・話すことの指導

集中して聞く力を育てるスキル

POINT
❶予測ゲームで単語やフレーズを聞き取らせる
❷単語6個のカテゴリーを揃える

①予測ゲームで単語やフレーズを聞き取らせる

　右ページのシートをペアに1枚ずつ配り，play soccer, swim, play baseball……と子どもたちと一緒に確認します。教師は「I'm going to say a word. Please guess which one I'm going to say and mark the picture. 教師がこれから言う単語はこの6つの中のどれでしょう。2人で相談して予測してください。」と言って，1つ目に言う単語を予測させ，該当の絵に○をつけさせます。（教師は単語6個を言う順番をあらかじめ決めておくこと。）子どもたちが○をつけたことを確認し，1つ目の単語を言います。「Play soccer.」予想が当たっていた子どもは play soccer に赤で印をつけ，2番目の単語も同様にして予測させ，1回ずつ確認しながら進めます。単純なゲームですが，子どもたちは真剣に教師の言う英語を聞き取ろうとします。○をつける代わりに番号を振らせてもよいでしょう。

　活動に慣れてきたら，テキスト付属の絵カードを使うこともできます。教師が言う順番を予測させ，その順番に絵カードを並べさせます。あるいは，ペアで教師役・子ども役に分かれて行うのもよいでしょう。

②単語6個のカテゴリーを揃える

取り上げる単語やフレーズは，同じカテゴリーから6つ選びます。

〈カテゴリー及び単語の例〉

・気持ち・状態：fine, tired, sleepy, hot, cold, hungry
・建物：police station, fire station, post office, school, library, gas station
・職業：fire fighter, vet, florist, police officer, baseball player, doctor
・一日の生活：get up, go home, go to school, take a bath, go to bed, do my homework
・自然：sea, mountain, river, lake, forest, beach
・食べ物：rice ball, salad, grilled fish, French fries, pizza, curry and rice
・文具：glue stick, ruler, pencil case, notebook, stapler, magnet

（山本　尚子）

聞くこと・話すことの指導

効果的なリスニング指導のスキル

POINT
❶ねらいをはっきり提示する
❷事前に音声教材を確認しておく

①ねらいをはっきり提示する

　リスニングを行う時は，ねらいをはっきり提示すること，そしてそれを子どもたちが確実に理解していることが必要です。音声を聞かせる前に，聞き取るための姿勢を作らせておかなければなりません。

　例えば，文科省教材『We Can!1』Unit1 Hello, everyone. の Let's Listen1では「登場人物がどのようなものが好きかを聞いて，線で結ぼう。」というねらいがあります。以下のような手立てで，子どもたちにねらいを理解させます。

・テキストを開き，課題を音読させる。
・音読後に，ペアでねらいを確認する。

　さらに，テキストのイラストを見て答えを予想させてもよいでしょう。
　文科省の指導プランには，このように書いています。「児童はすでに2年間，計70時間の外国語活動を経験しており，簡単な自己紹介を聞き取ることに難しさを感じることはないと思われるが，児童の実態に合わせて途中で音声を止めて，自己紹介の内容を確認したりするとよい。」
　どのようなテキストも目の前の子どもたちの実態に合わせて使うことが重

要です。

②事前に音声教材を確認しておく

　この音声教材を実際に聞いてみると分かりますが，すぐに登場人物が好きなものを言うのではなく，その前に「Hi, I'm Takada Kosei. K-O-S-E-I. Kosei. Nice to meet you.」という自己紹介の言葉が入っています。その後に「I like hamburger steaks. They are yummy. Do you like hamburger steaks?」と自分の好きな食べものについて述べています。さらに「I don't like lettuce. I like basketball!」と続きます。

　ご自分の学級の子どもたちを思い浮かべてみて，これを一度に聞かせても大丈夫だろうか，それとも，途中で音声を止め，「さあ，ここから好きなものを言うよ。」と考えさせるか，子どもたちの実態に応じて，働きかけを考えます。

　そのためにも，事前に音声教材を確認しておくことが必要です。なかなか教材研究や準備の時間が取れないという声も聞きますが，なんとかその時間を作りたいものです。

　この Unit では，世界で活躍する日本人を題材とした，Let's Watch and Think があります。ノーベル賞を受賞した山中伸弥教授や，有名なスポーツ選手を含め5名が登場します。映像を見て，世界で活躍する日本人を知ろうというねらいで，それぞれの経歴を示すデジタル教材が準備されています。私は，ここを授業するに当たっては，事前にデジタル教材を視聴し検討しました。その結果，授業では，その中の一人，谷真海（たに　まみ）さんのみを選んで視聴させました。子どもたちにとって未知の部分が多く，全員がほぼ同じ条件で視聴できると考えたからです。このような教材の取捨選択をするためにも，事前の確認は必要です。

（坂井　邦晃）

聞くこと・話すことの指導

ドミノカードゲームで発話を促すスキル

POINT
❶ 簡単なルールで楽しく発話を促す
❷ 実態に応じてカードに入れる絵を変える

① 簡単なルールで楽しく発話を促す

　場に出ているドミノカードと，同じ絵が隣り合わせになるように出していきます。手持ちのカードがなくなったら上がり，というゲームです。ルールが簡単だから，どの子どもも楽しく取り組めます。カードを出す時に言う言葉（ターゲットセンテンス）を決めて，楽しく発話を促すことができます。

（1）カードを出す時に言うターゲットセンテンスを決め，全員で練習する。この場合，「I can/can't ＿＿＿＿．」

（2）32枚1セットのドミノカードを4〜5名のグループに配る。

（3）カードをシャッフルして全て配る。4名なら1人8枚。5名なら1人6枚〜7枚。

（4）出す順番を決め，1番の子どもが場に1枚出す。この時，1番の子は何も言わない。

（5）次の子どもが"play the piano"をつなげたい場合，自分がピアノを弾ければ「I can play the piano.」，弾けなければ「I can't play the piano.」と言ってつなげる。

（6）つなげられるカードがない場合「I can't go.」と言って次の子どもがカードを出す。誰もつなげられるカードがなくなった時点でゲームは終了。早く上がった子どもには，「全員が上がれるように，グループの人をサポートしてあげてください。」と伝える。

②実態に応じてカードに入れる絵を変える

右下図のようにＡ４用紙にマス目を作り，左下のリスト①〜⑧の絵を同じ番号のマス目（各4）に入れて，ドミノカードの用紙を作り，これを厚紙2枚に印刷し，点線に沿って切り取ると，32枚1セットのドミノカードセットができあがります。

（例）ターゲットセンテンス

I can/can't ___. の場合

① play the piano　⑤ cook
② play soccer　⑥ play table tennis
③ swim　⑦ play baseball
④ ride a unicycle　⑧ play *kendama*

①	①	①	③
②	①	②	③
④	②	④	⑤
⑥	②	⑥	⑤
③	④	③	⑦
⑤	④	⑤	⑦
⑦	⑥	⑦	⑧
⑧	⑥	⑧	⑧

ターゲットセンテンスの例

I like/don't like ___. → 食べ物，動物　等
I want/don't want to go to ___. → 国名　等
I have/don't have ___. → 持ち物，建物・場所　等

ドミノカードのどちらかを文字にすると難易度が上がります。読む活動がメインであれば，両端ともに文字でチャレンジすることもできます。（山本　尚子）

	1		2	
swim	 🎹	play the piano	⚽	

聞くこと・話すことの指導

様々なピクトグラムを考えさせるスキル

POINT
❶いろいろな国のピクトグラムを紹介する
❷オリジナルのピクトグラムを考えさせる

①いろいろな国のピクトグラムを紹介する

(1) 「Look at this sign. What does this sign mean? これは何のサインでしょう？」と問いかけます。子どもたちは「看護婦さん。」などと言います。「Close. おしい！ This sign means a nurse's station. 日本のナースステーションです。」

(2) 「What does this sign mean?」と問いかける。子どもたちは「コアラに注意？」などと言う。「Yes. This sign means koalas crossing. コアラに注意。これはどこの国で見れると思いますか。」子どもたちは大きな声で「オーストラリア！」と答えます。「Yes. You can see this sign in Australia.」

(3) 「What does this sign mean?」と問いかけます。子どもたちは「鹿に注意？」などと言います。「Close. You can see them in Christmas.」とヒントを出すと、子どもたちは「トナカイに注意！」と言います。「Yes. This sign means reindeer crossing. トナカイに注意です。You can see this sign in Norway and Sweden. ノルウェイや

スウェーデンで，見ることができます。」

続けていろいろな国のトイレマークも見せて，「What do these signs mean?」と聞くと，子どもたちはすぐに「トイレ。」と答えます。

(1) 　(2) 　(3) 　(4)

オーストラリア　　　日本　　　　　イラン　　　　　アメリカ

「Yes. They mean, "Restroom." Which one do we use in Japan? 日本のものは？」と聞くと，子どもたちは，見慣れている２番目のものとすぐに答えます。それぞれどの国のものか，左から順に，「Australia, Japan, Iran, America.」と国名を教えます。「アメリカのこのトイレマークはどんなところで使われていると思いますか。」子どもたちはキャンプ場や幼稚園，などと言います。「正解は国立公園です。とても広いので，"見学する前にトイレは済ませておきましょう"というマークだそうです。」

②オリジナルのピクトグラムを考えさせる

様々なピクトグラムがあることを知った後に，校内あるいは自分が住む地域にあればよいと思うピクトグラムを，各自で考えさせます。誰が見ても分かる親切で楽しいものにすること，と伝えます。下の作品は１年生〜４年生のものです。

大きな猫がいて危険　　　手を上げよう　　　　結婚式

（山本　尚子）

聞くこと・話すことの指導

UNO ゲームで発話を促すスキル

POINT
❶紙芝居の読み聞かせを楽しむ
❷UNO ゲームで発話を促す
❸同じカードを他のゲームで使う

①紙芝居の読み聞かせを楽しむ

　発話させることを急いではいけません。やってしまいがちなのが，新出単語を絵カードで練習させ，すぐに発話させようとすること。発話させるためには，充分に音声に親しませる活動が必要です。私は，子どもたちが楽しみながら英語に親しめるような紙芝居を創作しています。ここで紹介するのは，『Max Is a Curious Cat －知りたがり屋のマックス－』。主人公の猫のマックスが様々な生き物に出会うお話です。

　この紙芝居の画像と読み聞かせシナリオは，NPO 法人 PEN の会（にいがた小学校英語教育研究会）のホームページから無料でダウンロードできます。(PEN の会 HP　http://pen.officialblog.jp/)

②UNO ゲームで発話を促す

　紙芝居の読み聞かせを楽しんだ後に，アクティビティーを行います。登場する生き物たちの絵カードを作成します。(57ページのシートをＡ４判の厚紙にコピーして切り分けます。)

〈ゲームのやり方〉

市販の UNO ゲームの応用。同じ種類または同じ色の絵カードを出していく。

絵カードを4セット（red, blue, yellow, green のシールで色分けしておく。ALMIGHTY も加える。）用意する。練習する言葉を決めておく。ここでは「I see _____.」。カードを混ぜて，適切な枚数を配る。残ったカードは場に伏せて重ねて置き，一番上のカードをめくる。最初の子どもは手持ちのカードに，めくったカードと同じ a cat があれば「I see a cat.」と言って，そのカードを場に出して重ねる。a cat ではないけれど同じ色のカードがあれば「I don't see a cat. I see a dog.」のように言って，カードを出して重ねる。ALMIGHTY はいつでも出すことができる。誰かが ALMIGHTY を出したら，他の子どもは「What color?」と聞く。ALMIGHTY を出した子どもは「Blue.」のように言って次に出す色を指定する。出せるカードがない場合は「May I take a card?」と言って，場に伏せてあるカードを1枚もらう。手持ちのカードが1枚になった時は「UNO！」と言う。手持ちのカードがなくなったら上がり。この活動を通して，子どもたちは自然に動物の名前を覚え発話する。

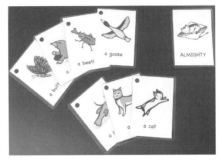

③同じカードを他のゲームで使う

【Memory Game（神経衰弱）】

カードを2セット使う。テーブルを左右2つに区切り，一方に1セット，もう一方に1セット，きちんと並べる。子どもは順番に，両側から1枚ずつ計2枚めくり，めくったカードの英語を言う。同じならば2枚ともカードをもらう。※発展として，単語カードを1セット用意し，絵カードと1セットずつ使うと，reading の練習になる。

1	2	3	4↓
8	7	6	5
9↓	10	11	12↓
16	15	14	13
17	18	19	20

【Contact（同じ絵が並んだらもらうゲーム）】
　絵カードを4セット用意する。大判の紙で左のような台紙を作る。枠の大きさはカードと同じにする。絵カードの束を伏せて場に置く。子どもは順番に1枚ずつめくり，絵の動物を英語で言って，台紙の枠の上に数字の順に並べていく。同じ絵のカードが隣り合って（横でも縦でも斜めでも）並んだら「Contact!」と大きな声で言って，並んだカードをペアにしてもらう。残ったカードは数字の順に間を詰める。詰めた時，また隣り合うペアができたら「Contact!」と言ってペアカードをもらう。3枚コンタクトしたら，任意の2枚をもらう。全てのカードがなくなったら，各自のペアの数を英語で確認する。

【Go Fish（同じ絵のカードを2枚揃える，ババ抜きに似たゲーム）】
　絵カードを4セット使う。子どもに適切な枚数を配り，残りは場に伏せて置く。重ねて置いてもよいし，広げてもよい。手持ちのカードに同じ絵カードが2枚あったら，絵を見せて自分の前に置く。子ども1は，任意の子どもに「Yuki, do you have a cat?」と聞く。Yukiはa catを持っていたら「Yes, I do. Here you are.」と言って渡す。子ども1は「Thank you.」と言って，a catのカード2枚を揃えて前に置き，Yukiは「You're welcome.」と言う。Yukiがa catを持っていなければ「No. Go fish.」と答え，子ども1は場のカードを1枚もらう。全てのカードがなくなったら，絵カードのペアの数を英語で確認する。

※これらのゲームの方法は，外山節子氏（敬和学園大学客員教授）提供の資料を活用させていただいた。

（坂井　邦晃）

a mole	ALMIGHTY

a beetle	a cat
a butterfly	a dog

a goldfish	a goose

聞くこと・話すことの指導

Small Talk を使った指導スキル

POINT
❶ 教師自身を語る英語を準備する
❷ ALT, 機器等の助けを借りる

①教師自身を語る英語を準備する

　文科省『小学校外国語活動・外国語　研修ガイドブック』の解説によると,「Small Talk とは, 高学年の教材で設定されている活動です。2時間に1回程度, 帯活動で, あるテーマのもと, 指導者のまとまった話を聞いたり, ペアで自分の考えや気持ちを伝えあったりすること」であり,「既習表現を繰り返し使用できるようにしてその定着を図ること」を主な目的の一つとしています。

　Small Talk の活動を通して既習内容を定着させ, 英語でコミュニケーションを行う力を養うことは意味があります。しかし, 教師が子どもたちに話を聞かせたり, 対話をしたりする時の英語を一から作ることは大変なことです。ガイドブックや指導書の例文の一部を, 自分なりにアレンジすることをお勧めします。同ガイドブックの例文の一部を見てみます。

　　『We Can!1』UNIT5　She can run fast. He can jump high.
T　Look! Look at this. What's this?
S　A racket.
T　Yes, that's right. It's <u>a racket.</u> It's <u>a badminton racket.</u> This is

my badminton racket. I can play badminton very well.（ラケットを振って見せる。） Can you play badminton well?　（※下線は坂井）
下線の部分を違う言葉に置き換えてみましょう。例えば，badminton を tennis に置き換えてみます。

T　先生の得意なスポーツを紹介するよ。（バッグからラケットの一部分を見せて聞く。）What's this?
S　A racket.
T　Yes, that's right. It's a racket. It's a tennis racket. This is my tennis racket. I can play tennis very well.（ラケットを振って見せる。） Can you play tennis well?

② ALT，機器等の助けを借りる

　ALT の来校日に合わせて，この Small Talk をメインで担当してもらう方法もありますが，教師は ALT の話すのを黙って見ているのでなく，以下のように，自然な形で会話に参加できる場面を作るとよいでしょう。

ALT　I can play basketball very well. ＿＿＿ sensei, can you play basketball well? Do you like basketball?
T　Yes, I like basketball.
ALT　（子どもたちに向かって）Do you like basketball?
C　Yes./No.（口々にどちらか答える。）

　コンピューター等の機器の助けを借りる方法もあります。小学校向け学習・授業支援ソフト『ジャストスマイル8』（ジャストシステム社）の中には Small Talk のサンプルが入っています。サンプルを聞くだけでなく，変えたい部分を英語で打ち込むと，ネイティブスピーカーに近い発音で読み上げてくれるので，学校のコンピューターにこのソフトが入っているならば，お勧めです。

（坂井　邦晃）

聞くこと・話すことの指導

レストランでの会話を指導するスキル

> **POINT**
> ❶レストランでの会話を練習させる
> ❷アクティビティーで実際に会話をさせる

①レストランでの会話を練習させる

　「気まぐれレストラン」（元枚方市 JTE 原田雅子氏）の実践をもとに私のクラスの実態に合わせて修正を加えた，アクティビティーです。

・62・63ページをコピーして，食べ物の絵カードをA4と葉書サイズで各18枚を事前に作っておく。最初に，18種類の食べ物の言い方をA4の絵カードを使って練習させる。続いて，会話の言い方を練習させる。教師対子どもたちで行う。

　レストラン　Hello. What would you like?
　お客さん　　I'd like a <u>hamburger</u>.

・hamburger がレストランにある場合
　レストラン　Okay. Here you are.
　お客さん　　Thank you.（カードをもらい，食べる真似をする。）

・hamburger がレストランにない場合
　レストラン　Sorry, we don't have any.
　お客さん　　Oh, no! I'm hungry.（カードはもらえない。）

②アクティビティーで実際に会話をさせる

(1) 教室に上の図のような場を作る。クラスを6グループに分ける。1～3はレストラン役，4～6はお客さん役とする。レストラン役の3つのグループに練習で使ったA4の絵カード18枚を6枚ずつ配る。お客さんのグループには葉書サイズのカード18枚を6枚ずつ配る。

(2) レストラン役は各自担当のメニューのカードを決める。ただし，自分の担当のメニューでなくても，レストラン役は全員で，前ページで練習したセリフを言う。お客さん役は，注文に行く順番を決め，6枚の絵カードから各自が注文したいメニューを1つずつ決めて持つ。

(3) 教師の合図で，各グループから1人ずつ，自分の絵カードを持って好きなレストランに行き，練習した要領で会話を交わす。もし注文したメニューがあったら，大きなカードを持ち帰ることができる。なかったら，自分のカードをレストランに渡して戻る。これを全員が注文できるまで繰り返す。

(4) 最後に，グループごとに持ち帰った絵カードの数を確認する。絵カードを持ち帰れなかった子どもたちのために，どのレストランに行けばよかったのか，残っている絵カードをレストラン役の子どもたちから紹介してもらう。

(5) レストランとお客さんの役割を交代して，もう一度行う。

※ここで示した食べ物カード数は36人のクラス用である。クラスの人数に合わせて，食べ物カードを増減する。

(山本　尚子)

読むこと・書くことの指導

アルファベットを楽しく書かせるスキル

POINT
❶ゲーム的要素を加え楽しく書かせる
❷慣れたら徐々に自力で解くようにさせる

①ゲーム的要素を加え楽しく書かせる

　単純にアルファベットを書き写させる学習では，子どもたちはすぐに飽きてしまいます。ゲーム的要素を加え，楽しく書かせる活動を取り入れてみます。ここで紹介する暗号（シークレットコード）ゲームでは，問題の答えを予測しながら，楽しくアルファベットを書く活動を行うことができます。

　子どもたちはテキストのアルファベット一覧 A〜Z に 1〜26 の番号を振って暗号表を作ります（下図参照）。この文字と数の対応が暗号を解く鍵になります。教師はあらかじめ作っておいた大判の暗号表を黒板に貼ります。下図は大文字ですが，小文字でも同じように行うことができます。

A 1	B 2	C 3	D 4	E 5	F 6	G 7	H 8	I 9	J 10
K 11	L 12	M 13	N 14	O 15	P 16	Q 17	R 18	S 19	T 20
U 21	V 22	W 23	X 24	Y 25	Z 26				

　例題を1つ行い，暗号の解き方を理解させます。黒板に貼った暗号表の横に暗号文の数字を1つずつ板書します。最初に書くのは「11」。教師は「Can you read this number? Yes, eleven. Everyone, eleven stands (is) for……（暗号表の11を指しながら）11はどの文字を示していますか。」

と問いかけます。子どもたちが「K」と答えると，教師は11の下にKと書きます（下図参照）。次に，「11」の横に「15」と板書し，同じように「Can you read this number? Yes, fifteen. Fifteen stands (is) for……15はどの文字を示していますか。」と問いかけます。同様に，「14」「1」「14」と続けます（下図参照）。

```
11    15    14    1     14
↓     ↓     ↓     ↓     ↓
K     O     N     A     N
```

　暗号文の数字に対応する文字全てが出揃った後，教師は「Did you get the name? 誰の名前か分かりますか。」と問いかけます。子どもたちは「コナン！」と大きな声で答えます。板書の最中または全ての文字が出揃った直後に答えが分かる子どももいます。どの子にも暗号を解く機会を与えるために，答えが分かっても口に出して言わないで，黙って手を挙げることを事前に約束させておくことが，この活動の重要なポイントです。

　これからが本番です。ワークシート（p.67参照）を1人に1枚配布し，すでに例題は行った後ですが，4線にアルファベットを書く手本として例題も記載しておくと親切です。問題は4題。教師はあらかじめ出題する暗号文を用意しておきます。ここで扱う4題は子どもたちが知っていそうなアニメの主人公や有名人です。

```
① 14  15  2   9   20  1
   N   O   B   I   T   A  （のび太）
② 1   18  1   19  8   9
   A   R   A   S   H   I  （嵐）
③ 11  21  13  1   13  15  14
   K   U   M   A   M   O   N  （くまもん）
```

④　13　9　25　1　26　15　14
　　M　I　Y　A　Z　O　N　(みやぞん)

　１問目をやってみます。教師は例題と同様に暗号文の数字「14」を書き，「Can you read this number? Yes, fourteen. Fourteen stands (is) for ……14はどの文字を示していますか。」と問いかけます。子どもたちが「N」と答えると，教師は「自分のテキストの暗号表を見ながら，大文字のNをワークシートのQ１に書きましょう。」と言います。子どもたちは「N」とワークシートに書き，「15」「2」「9」「20」「1」と同じように続けます。対応する全ての文字を書き終えた後，教師は「Did you get the name? 誰の名前ですか。」と問いかけると，子どもたちは「のび太。」とうれしそうに答えます。この時，のび太のイラストを見せるともっと喜びます。時間に余裕があれば準備しておくとよいでしょう。

　２問目をやってみます。教師は暗号文の「1」を書く。「18」「1」と１問目と同様に進めます。ここで１つ問題が生じます。この２問目の「嵐」の「し」は「si」ではなく「shi」で示します。小学校の国語科では訓令式のローマ字を習います。似てはいますが，sとiの間にhが入っただけで，「し」と読めない子が多いです。国語科のローマ字表にはsi（shi），また外国語活動のローマ字表にはshi（si）と表記しています。ここで訓令式とヘボン式の違いについて，テキストを開いて確認したり教師が口頭で説明を加えることが必要です。

②慣れたら徐々に自力で解くようにさせる

　３〜４問目を行います。そろそろこの活動に慣れてくる頃です。最初の１つ目と２つ目の数字は，１問目と同様に１つ板書するごとに対応する文字を言わせますが，３つ目以降は数字を一度に全て板書し，子どもたちがテキストの暗号表と照らし合わせながら，自力で暗号を解くようにさせます。子どもたち全員が書き終えたのを確認したら，教師は「Did you get the name? 誰の名前ですか。」と問いかけ，子どもたちが「くまもん。」「みやぞん。」と大きな声で答えます。子どもたちの様子を見ながら，いくつ目の数字まで教師と一緒に解くか決めます。クラスによっては，2問目から教師の助けなしに，自力で行うことも可能です。

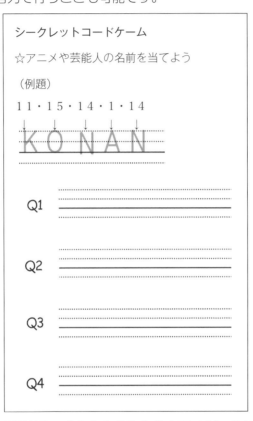

　ここで示した問題はアニメの主人公や有名人ですが，他にも地名などを出題することができます。問題は日本語の人名または地名の固有名詞を出題すること。英単語を出題すると，ハードルが相当上がってしまい，英語を読むのを苦手に感じる子も出てくる可能性があるからです。出題する日本語の人名や地名の選択はクラスの実態に応じて選択することをお勧めします。

(山本　尚子)

読むこと・書くことの指導

身近な数字を読ませるスキル

POINT
❶ 身近な数字をクイズにする
❷ 数の表を使ってグループでチェックさせる

① 身近な数字をクイズにする

　子どもたちの身の回りには，様々な数字があります。それを使ってクイズとして問いかけ，数の読み方を楽しく学ばせることができます。中学年であれば1〜20くらいまでの数字を，高学年であれば100くらいまでの数字を，クラスの子どもたちの実態に応じて扱います。

　教師は下の写真を見せ，「Can you read this number?　みんなこの数字が読めますか。What number is this?　この30という数字は何を表していると思いますか？」と問いかけます。子どもたちは「何かの得点？」「ノート？」等々，にぎやかに考えます。

　このように身の回りに使われている数字を写真に撮って，その数字を大型TVなどで映し出します。子どもたちが考えるヒントになります。

　教師は「You can see this number on your ruler.　みなさんが持っている定規にある数字でした。」と答えを明かします。

　中学年であれば，鉛筆や定規など学用品に記載されている身近な数字が分

かりやすいです。高学年であれば、町で見かける看板や標識などを取り上げても面白いです。

②数の表を使ってグループでチェックさせる

　数をどのくらい英語で言えるようになったか、グループまたはペアで確認する活動です。下のようなワークシートを使います。「これはテストではありません。言えなかった数は、みんなで教え合って練習しましょう。」とはじめに伝えます。

　子どもたち同士、和気あいあいと楽しく活動でき、数を表す英語をたくさん聞いたり、言ったりすることができます。5分間程の短時間でできます。授業のスキマ時間等を利用して、時々行います。

◇1～20の数を英語で言ってみよう。
　①グループ内で順番に数を言ってみよう。
　　言えなかった数には○をつけよう。
　②言えなかった数の言い方を周りの友だちまたは先生に聞こう。
　③言えなかった数をみんなで練習してみよう。

1	2	3	4	5
6	7	8	9	10
11	12	13	14	15
16	17	18	19	20

　上のワークシートの①ではグループ内で順番に言うとしていますが、クラスの実態に応じて、ペアまたはグループ全員でもよいでしょう。活動に慣れてきたら、グループ内で1人が教師役になり、ランダムに数字を出題するのも面白いです。

（山本　尚子）

読むこと・書くことの指導

自分の名前を4線に書かせるスキル

POINT
❶姓，名の表記の順について説明する
❷ローマ字表を見ながら4線を意識して書かせる

①姓，名の表記の順について説明する

　生涯にわたってずっと使い続ける言葉，それは自分の名前です。大切な自分の名前を，アルファベットでしっかりと書けるように指導します。

　最初は姓，名の表記の順について説明します。「日本語では普通，姓の次に名を書きます。山田太郎という具合です。しかし，英語では普通，名の次に姓を書きます。太郎山田と書きます。名を first name，姓を family name と言います。」

> 名 first name，姓 family name

と黒板に書きます。

　「以前は，日本の名前を英語で書く時は，英語のルールにならって，名姓の順で書くことが多かったのです。ただ現在は，日本人なのだから日本のルールでいいという考えもあります。ですから，いまは両方の書き方があります。」

　学習中の混乱を防ぐために，英語の授業中には，どの順で書くことにするか，自分たちの学級のルールを決めてもよいでしょう。

②ローマ字表を見ながら４線を意識して書かせる

　ローマ字表とともに，アルファベットが４線に記されているものも見せます。それぞれのアルファベットの文字の高さが，一目で分かるからです。特に，文字によって高さが異なる小文字を，子どもたちに理解しやすいように，何階建てという言葉で説明します。(a,c,e など→１階建て　b,f,h など→２階建て　p,q,y など→地下室付き)

　これを使ったアクティビティーもできます。「先生がアルファベットを一つずつ言います。それが何階建てかすぐに言ってください。ローマ字表を見てもいいです。」と説明してから，テンポよく出題していきます。何階建てか言う代わりに，手の平を水平に上げ下げしてもいいでしょう。また，１階建ては椅子に座ったまま，２階建ては起立する，地下室付きは床にしゃがむという動作を伴った活動にしても楽しいです。

　高学年の外国語科においては，表記方法はヘボン式で指導します。これは学習指導要領の解説でも，パスポートの氏名の記載等を例に示されています。私はこのような説明の他に，ALTから訓令式とヘボン式の２つの表記の違いを実際に発音してもらうようにしています。例えば，２種類の「寿司」の表記，susi と sushi。sushi の方が，日本語の音に近いことをはっきりと理解させることができます。

　このような指導を行いながら，実際に４線に書かせます。４線のワークシートは，文科省のサイトからダウンロードもできます。サイト教材『We Can!』では，４線の間隔が，中央部分が広く取られています。小文字を書きやすくするという配慮です。名と姓それぞれはじめの文字は大文字で書く等，子どもたちの実態に応じてていねいに指導し，また文字の間隔をどう取っていいか分からない子どもたちのために，『We Can!』等のテキストで，人名の書いてあるページを参考に見せます。

（坂井　邦晃）

読むこと・書くことの指導

自分の名前のアルファベットを言わせるスキル

POINT
❶ 自分の名前のアルファベットを言わせる
❷ 名前を聞き取るアクティビティーで練習させる

① 自分の名前のアルファベットを言わせる

学習指導要領の目標「読むこと」の中ではこのように書かれています。

> 活字体で書かれた文字を識別し，その読み方を発音することができるようにする。

アルファベットを歌のように唱えながらなら言えるが，1つだけを取り出されるとすぐには言えない，ということでは困ります。特に，使う機会の多い自分の名前は，アルファベットでしっかりと書けて，綴りを1文字ずつ言えるようにします。時間を取って練習させることが必要です。

「自分の名前をアルファベットで言えますか？ 例えば，先生だったらこのように言います。My name is Kuniaki. K-U-N-I-A-K-I.」と例を示します。この後，ノートに以下のように書かせ，各自で発音練習をさせます。（フルネームだと，アルファベットの数が多くなりすぎるので，first name だけとした。）

> My name is ＿＿＿＿＿. ＿ー＿ー＿ー＿ー＿

名前の字数が多かったり，読み方が難しかったりする子どもは，教師が手助けをします。

②名前を聞き取るアクティビティーで練習させる

　教師が問題を出して，名前当てのアクティビティーをします。「これから先生が，クラスのある人の名前をアルファベットで読み上げます。しっかり聞き取ってノートに書いてください。誰の名前か，後で聞きますよ。」と説明してから始めます。「Y-U-K-I. Whose name is it? 誰の名前でしょう。答えは Yuki, ゆきさんでした。」

　アルファベットを聞いて，それを書き取るというのはそう簡単なことではありません。私は以前，ALT との電話の打ち合わせで，名前の綴りを尋ねたことがありました。相手の顔が見えないという状況で１回で聞き取れず，何回も何回も聞き返しようやく名前をアルファベットで書きとめたことを覚えています。

　子どもたちの様子を見て，必要であれば問題を何回か繰り返して読み上げる，また，１人で聞き取ることが難しいようなら，子どもたちの実態に応じて，ペアやグループで協力して聞き取るという形にしてもよいでしょう。慣れてきたら，芸能人や，スポーツ選手の名前を出題しても楽しいです。

　このアクティビティーに慣れてきたら，ペアで出題者と聞き取り役を決めて行わせます。出題者となることで，何回も自分の名前のアルファベットを言うことができます。「相手がなかなか聞き取れない場合は，出題している方は何回も言ってあげてください。」と付け加えます。

（坂井　邦晃）

読むこと・書くことの指導

アルファベットの名前と音を学ばせるスキル

> **POINT**
> ❶ひらがなとアルファベットの，文字と音の関係の違いを理解させる
> ❷Alphabet Jingle を聞かせる

① ひらがなとアルファベットの，文字と音の関係の違いを理解させる

　Phonics（フォニックス）の学習でアルファベットには名前と音があることを学ばせます。Phonics（フォニックス）とは，英語圏の子どもたちに，読み・書きを教えるために開発された指導法です。英語の「スペリング（綴り）」と「発音」の間にある法則を学ぶことで，英語の正しい読み方をマスターすることができます。

　子どもたちには，ひらがなとアルファベットでは文字と音の関係が異なることを，以下のように説明します。黒板にあ，い，う，え，おと書きます。「このひらがな5文字だけで作れる言葉を発表してください。」あい，いえ，うえ，うお等々，いくつか出されます。「あといで，あい。普通に読めますね。」言いながら黒板に書きます。

　　あ　＋　い　→　あい

　次に黒板に a,b,c,d,e と書き，読ませます。子どもたちは，エイ，ビー，スィー，ディー，イーと読みます。「例えばこの中の3文字を使ってできる言葉に bed があります。」と，黒板に書いて説明します。

| b + e + d → bed |

「ところがこの読み方は，ビーイーディーではありません。/bed/ です。」他に bad（悪い），dad（お父さん），cab（タクシー），bead（玉）などこの5文字で作られる言葉を例示します。いずれもエイ，ビー，スィー，ディーを合わせて読むのではないことに気づかせます。以下のように板書して，

A	B	C	D	E		
エイ	ビー	スィー	ディー	イー	→	文字の名前
ア	ブ	ク	ドゥ	エ	→	文字の音

bed = b + e + d → ブ ＋ エ ＋ ドゥ → /bed/ のように，音の足し算によって読むことができることを説明します。

このように，ひらがなは文字と名前の音が同じなので，文字の名前「あ」，「い」を知っていれば「あい」という言葉が読めます。アルファベットは文字の名前と音が違うので，文字の名前を知っているだけでは bed が読めません。文字の音を知り，その音を自力でたし算することで「ブ＋エ＋ドゥ→/bed/」と読めるのです。子どもたちが自分で英語を読めるようになるためには，アルファベットの音を知ることが大きな力となります。

②Alphabet Jingle を聞かせる

フォニックスは厳密には，専門的にその理論と発声法を学ばなければ，子どもたちに正しく指導はできません。しかし小学校の英語の授業ではその完全習得を目指してはいません。あくまでも自然に，気づかせて正しい音への興味関心を引き出します。そこで役立つのが Alphabet Jingle です。『Let's Try!』『We Can!』のデジタル教材の動画に Alphabet Jingle があり，アルファベットの名前と音を「A /a/,/a/, apple.」とリズミカルに唱えることで，絵とともに文字を見ながら声を出し，楽しみながら理解を促すことができます。

(本間　美樹)

読むこと・書くことの指導

自分の名前の意味を考えさせるスキル

POINT
❶歌を通して名前の大切さを考えさせる
❷自信を持って自分の名前を紹介させる

①歌を通して名前の大切さを考えさせる

　文科省教材『Let's Try!1』Unit1 Hello! では，名前を使った活動があります。友だちとあいさつをして名前を言い合い，さらに自分の名前を友だちに書いてもらうという活動です。自分の名前をしっかりと紹介することは，自己紹介の第一歩です。

　歌を通して，自分の名前は世界に一つだけの大切なものであると意識させたいと考え行った実践を紹介します（対象は私が運営している英語教室の1年生から6年生まで約40名の子どもたちである）。使ったのは，「Beautiful Name」(作詞：奈良橋陽子，伊藤アキラ　作曲：タケカワユキヒデ)。平成24年当時，中学校の英語教科書にも掲載されていました。日本語版と英語版両方のCDが，レンタル店等でも容易に入手できます。

　最初にYouTubeで，日本語版のカバー曲を聞かせました（2015年日本で開催された「世界スカウトジャンボリー」にて撮影された，日本人アーティストDance Earth Partyのビデオ）。メロディをすでに聞いたことがある子どもたちもおり，ある程度歌詞の意味を理解し共感できたようでした。その後，英語版を毎回のレッスンの最初の数分間で聞き，少しずつみんなで歌いました。聞き続けることで英語版の歌詞を驚くほど自然に歌えるように

なりました。小学校の教室で行う際には，英語の授業の最初に聞かせたり，朝の会で歌うなど，ちょっとした短い時間を活用します。

②自信を持って自分の名前を紹介させる

歌を使って名前に対する意識を高められたら，次は自分の名前の文字の意味を考えさせます。自分の名前を紹介できることを目指します。

> （名前を書いた紙を見せながら）「Hello. My name is Yoko. こんにちは，私の名前は陽子です。陽 means the sun. 陽は太陽という意味です。」

名前の文字全てを説明させる必要はなく，一文字だけでもよいし，何にちなんで名付けられたのかなどを言うようにしてもよいです。子どもたちだけで考えられない場合は，家で保護者に聞いてみるという活動を入れます。

【名前の紹介例】

美樹 → 美 means beautiful. 美は美しいという意味です。
花子 → 花 means flower. 花はきれいに咲く花という意味です。
健 → 健 means health. 健は健康という意味です。
愉己（ゆみ） → 愉 means enjoy. 愉は楽しむという意味です。
煌（きら） → 煌 means shiny. 煌は輝くという意味です。
真洋（まひろ） → 洋 means the ocean. 洋は海という意味です。
ほのか → ほのか means spring. ほのかはあたたかい春という意味です。

ひらがな・カタカナ・漢字など，どんな表記であっても，英語で紹介する機会を持つことで，改めて自分の名前のルーツにも目を向けることができます。この自分の名前の紹介では機械的な練習をただ繰り返すのではなく，これまでに学んだ英語を使い，自分自身にとって大切なことを伝えることができるのです。

（本間　美樹）

読むこと・書くことの指導

将来の夢を表現させるスキル

POINT
❶ テキストの例文を書き写すだけのお手本にしない
❷ アクティビティーでいろいろな職業を提示する

①テキストの例文を書き写すだけのお手本にしない

　文科省教材『We Can!2』Unit8 What do you want to be? のLet's Read and Write 1 の活動では，将来の夢を紹介する文が例示されています。

> My Dream
> 　I want to be an astronaut. I like watching the stars.
> 　I study hard. What do you want to be? Thank you.
> 　　　　　　　　　　　　　　　　　　　　　　　　Riko

　このUnitを学習する時期は，6年生の卒業が近づいてきた頃。担任教師は卒業に向けて様々な行事もあり，何かと忙しい時です。しかし，この例文を見てすぐに「ワークシートをダウンロードして，これを参考にして作文だけさせよう。」としてはいけません。子どもなりの夢を表現した文章を書かせましょう。

②アクティビティーでいろいろな職業を提示する

　『We Can!2』Unit8では，テキストの誌面で20個近くの職業を提示しています（teacher, soccer player, doctor 等）。付属のデジタル教材でも，

様々な職業に関しての音声や映像が準備されています。それらを有効に使った学習を行うことが大切です。子どもたちはこれらを将来就きたい職業の参考とします。

さらに子どもたちには，いろいろな新しい職業も生まれていることも意識させます。ほんの数年前には存在しなかった職業も次々と現れてきています。

〈参考資料〉 小学生のなりたい職業ランキング

	男子		女子
1位	サッカー選手・監督など	1位	看護師
2位	野球選手・監督など	2位	パティシエール
3位	医師	3位	医師
4位	ゲーム制作関連	3位	保育士
5位	建築士	5位	ファッション関連（デザイナー等）
6位	ユーチューバー	6位	獣医
7位	バスケットボール選手・コーチ	7位	薬剤師
8位	大工	8位	美容師
8位	警察官・警察関連	9位	教師
10位	科学者・研究者	10位	漫画家

※2017年小学生の「将来なりたい職業」ランキング（日本FP協会）より

【Get 21ゲーム】

（「小学生がなりたい職業ベスト10」で職業を表す単語に親しむ。）

〈準備するもの〉

「将来なりたい職業ベスト10」をA4判に印刷したもの。できるだけ最新のデータで作成しておきます。各カードには順位をつけていますが，そこに

は付箋紙を貼って隠しておきます。順位の数字がカードの点数になるのです。

〈ゲームの進め方〉
　教室を2チームに分けます。黒板に10種類の職業の絵カードを貼ります。「We're going to play a Game!　ゲームをしましょう！　It's GET 21! 足して21になるゲームです。3～4枚のカードの点数の合計が21に一番近い数になったチームが勝ち，というゲームです。」

　（黒板の10枚のカードを指さして）「Look. I have 10 cards. These are the 10 most popular jobs among children.　見てください。これは小学生がなりたい10の職業です。The 10 most popular jobs among children, from number 1 to number 10.　第1位から10までです。」（「日本語とは違う言い方のものがありますね。」と補足説明しながら，10枚のカードの職業を言わせる。）

　「The goal of this game is to choose 3 or 4 cards and get 21 points.　カードを3から4枚選んで合計を21点にします。If you choose number 1, you get 1 point. If you choose number 10, you get 10 points.　もし，1位のカードを選んだら1点，10位のカードを選んだら10点です。」

黒板に次の式を書きます。

□+□+□=21

それを指し示し説明します。「When you get 21 points, you're finished. 21点を獲得したらそこで上がりです。If you go over 21, you're out. 21点以上になったらアウトです。If you can't get 21, try to get 20 or 19. 21点が取れなくても20点か19点を目指しましょう。」「Do you understand? Okay. 分かりましたか？」と確認します。

「Do Rock, Scissors, Paper to decide which team goes first. 先攻か後攻を決めましょう。」と代表をジャンケンさせます。先攻のグループから，「選ぶカードを相談してください。どのカードを選べばいいか分かりますね。合計で21に近くなればいいのですから……。」

例えば10位のpianistを選んだチームに，「We think a pianist is number 10!」と動作を交えて言わせます。10+□　と式を書いて，その四角を指して，「You need 11 to get 21. 21点になるためには11点必要です。Look, you can break down 11 to 9 and 2, 8 and 3, or….. 見てください。11点ということはあと9点と2点，または8点と3点……。」という具合に，簡単な英語を，黒板に書いた数字とともに付け加えて進めていきます。

※ Get21ゲームは，外山節子氏（敬和学園大学客員教授）が考案したものである。

（坂井　邦晃）

教材・教具・教室環境

スマホを授業で使うスキル①

POINT
❶教師にとって便利な助っ人として使いこなす
❷使い方には充分注意する

①教師にとって便利な助っ人として使いこなす

　大きな電子黒板が教室で使われているのをあまり見なくなりました。授業の度に，大がかりな機器を準備する時間はなかなか取れないのでしょう。スマホを大型テレビに接続すれば，電子黒板の代わりとなる他に，様々な機能が使えます。便利なスマホを使いこなしましょう。

【英語辞書として使う】
　忙しく授業の準備をしている時に，「この単語の意味を，すぐに知りたい」ということがある。そんな時には，スマホの辞書，翻訳アプリが便利。クリックすれば音声も聞ける。無料でダウンロードできるものもたくさんある。いろいろと試してみて，使い勝手のよいものを入れておく。

【音楽プレイヤーとして使う】
　使いたい曲をダウンロードしておく。余裕があれば，その授業で使う曲の演奏リストを作っておくとよい。授業で使う順番で，すぐに頭出しができる。
　私が，教室で音楽を聞かせたい時によく使うのが，無線でつながるスピーカー。スマホ本体のスピーカーでは音が小さすぎる時に使う。本体は小さくても教室で使うには充分な大きさの音を出してくれるものが，わずか数千円で購入できる。教室の中を動きながら，スマホの操作だけでいつでもクリア

な音が出せる。

【プレゼンテーション用ソフトとして使う】

　以前はデジカメで撮った画像を，パソコンのプレゼン用ソフトで編集して映し出していた。今は，スマホのカメラで写して，それをテレビで映し出すことが増えた。また，録画した動画も簡単に再生できる。教室環境がネットにつながるようなら，YouTube 等の動画サイトにアクセスして，授業に役立つ動画も見せることができる。

【QR コードリーダーとして使う】

　テキストの指導書の多くに，QR コードがついている。これをスマホで読み取れば，ネイティブの音声で読み上げてくれる。発音に自信が持てない教師の強い味方となる。読み取り用のアプリをダウンロードして入れておく。

【実物投影機として使う】

　絵本のページがクラスの人数に比べて小さい時，ある子どものノートを他の子どもたちに見せたい時，カメラ機能を使えば簡単に大きく映し出すことができる。大がかりな実物投影機をセットする必要もない。

【授業記録に使う】

　子どもたちのノート，表情，黒板に書いたもの等々，気づいたらすぐに撮っておくとよい。授業の振り返りや評価で大いに活用できる。

②使い方には充分注意する

　スマホがいくら便利とはいえ，使い方には充分注意する必要があります。例えば，その教室がネット環境にあるということは，スマホと外の世界がつながっていることと同じです。そのことを教師は自覚しておきます。子どもたちの個人情報が流出すること等は，絶対に防がなくてはいけません。また，授業で使用するネット上の動画も，その内容を事前に吟味すべきです。商業目的や，有害な情報を含んでいるものはたくさんあるので学校全体の情報管理規則と合わせて，使い方について確認しておく必要があります。

（坂井　邦晃）

教材・教具・教室環境

スマホを授業で使うスキル②

> **POINT**
> ❶写真，動画機能を授業に活用する
> ❷個人の写真や動画の使用には事前に了承を得る

①写真，動画機能を授業に活用する

　『We Can!1』Unit5 She can run fast. He can jump high. の実践にスマホの機能を使って準備もあっという間にでき，とても盛り上がる活動になります。

　この単元では，できること，できないことを友だちにインタビューする活動があります。この発展として，校長先生のできること，できないことを想像する活動を行いました。授業前の準備として，校長先生にインタビューします。テキストにしたがい，料理，水泳，サッカー，野球，けん玉，一輪車等が，できるかどうかを聞きます。

　ただし，このできることと，できないことの基準があいまいだと，活動自体が盛り上がりません。以下のような基準を設けて，インタビューをします。

　料理　→　ご飯，みそ汁，おかずの揃った１食分を作ることができる。
　水泳　→　４泳法（クロール，平泳ぎ，背泳ぎ，バラフライ）ができる。
　野球，サッカー　→　部活やチーム等に所属して試合に出たことがある。
　けん玉　→　モシカメ（リズミカルに玉を行き来させる技）ができる。
　一輪車　→　両手を離して一輪車に乗れる。

　聞き取った内容はメモをしておき，校長先生からは，２つのポーズを写真

に撮らせてもらいます。(要した時間は10分間程だった。)

Yes, I can.

No, I can't.

　そして，いよいよ授業です。子どもたちには校長先生にインタビューしたことを伝え，各項目のできる，できないの基準についても説明します。「Please guess. Can Mr. ＿＿＿ cook?　＿＿＿校長先生は，料理ができるかなあ？　Yes or No.　イエスかノーか。」子どもたちは，楽しく想像をして答えていました。

　答え合わせは，この２枚の写真を回答に合わせて，大型テレビに映し出していきます。私はスマホを指先で操作するだけです。

②個人の写真や動画の使用には事前に了承を得る

　この授業で個人の写真や動画を使用する場合は，事前に本人の了承をとります。授業の概要，そしてどのような場面で使用するかや，「校長先生からは，皆さんの授業に役立てていただきたいと，快く写真の使用を許可していただきました。」ということを，授業の中でも子どもたちにしっかり説明します。写真や動画を使用するには，本人の了承が必要であることを，指導するのです。

（坂井　邦晃）

教材・教具・教室環境

掲示物で子どもたちの学びを支援するスキル

POINT
❶ 1年間を通じて掲示するものを選ぶ
❷ 準備時間をかけずに子どもたちの学びを見せる

① 1年間を通じて掲示するものを選ぶ

　アルファベット，月や曜日の名前は，ある期間だけ集中的に学ばせるというより，年間を通じて指導していきたいものです。各学級の実態に合わせて，1年間を通じて掲示するものを選びましょう。

【アルファベットのポスター】
（1）大文字と小文字が併記されたもの
　大文字と小文字，どちらかが苦手という子どもたちは多いものです。両方とも，常に見ることができる状態にしておきましょう。
（2）書く活動でお手本になる字体のもの
　a と *a* を比べてみると，同じアルファベットですが，字体によってずいぶんと形が違うことが分かります。子どもたちのお手本になるものは後者です。

【月の名前のポスター】
　各月の名前のポスターも，常に目に

触れるようにしておきたいものです。月の名前を指しながら「太郎さんと花子さんの誕生日は1月，Januaryでしたね。」等と，折々に活用することもできます。

　1枚の大判のポスターより，月の名前を書いた小さなポスターを12枚掲示する方が，掲示するスペースを確保しやすいかもしれません。実態に合わせて選びましょう。

【曜日の名前】
　教室の黒板の右端に，月，日，曜日をチョークで書いている学級は多いでしょう。この曜日を英語で書くようにします。マグネット状のシートに印刷すれば，毎日簡単に貼り替えられます。次のような省略した形でもよいでしょう。

　月　Mon　　火　Tue　　水　Wed　　木　Thu　　金　Fri

②準備時間をかけずに子どもたちの学びを見せる

　年間を通じて掲示するものの他に，その時々のものも掲示します。子どもたちの学んだ様子が分かるものがよいでしょう。見栄えよく特別な掲示物を作る必要はありません。授業の中で使ったり作ったりしたもので，短時間で簡単に掲示できるもので充分です。

　・アルファベットでていねいに書いた，各自の名前プレート。
　・授業で使った絵や写真のカード。
　・アクティビティーで使ったワークシート。
　・ペーパークラフトとして作った作品。（ハロウィンの季節なら，折り紙に描いたジャコランタンの顔など。）

　子どもたちはそれらを見て，授業を振り返ることもできます。

（坂井　邦晃）

教材・教具・教室環境

教室に置くモノで子どもたちの学びを支援するスキル

> **POINT**
> ❶授業で使った絵本や教材を教室に置く
> ❷授業で使った CD を日常的に聞かせる

①授業で使った絵本や教材を教室に置く

　教室の一角にスペースを作ることができるなら，授業で使った絵本や教材を置き，子どもたちが自由に手に取り見られるようにします。せっかく時間をかけて準備をしたのに，使うのが授業中だけというのはもったいないです。

【絵本を置く】

　例えば，しかけ絵本などは，手にしてみたいと思う子どもは多いはずです。
　私が授業した後に教室に置いて，子どもたちに好評だった絵本を紹介します。

『Dear Zoo』(Rod Campbell)

　動物園からいろいろな動物が送られてくるというお話。ページのしかけをめくると，送られてきた動物が姿を表わします。

『OPPOSITES』(Patrick George)

　反対言葉がテーマのしかけ絵本。見開きの間に，絵の一部が描かれた透明なシートが綴じ込まれています。このシートを，左右各ページに重ねてみます。するとそこに書かれた反対言葉（例えば Big と Small）の意味を表す

絵が表れるのです。

「たくさんの人たちが手にします。やさしく取り扱ってください。」と，取り扱いについては事前に充分に注意しておくこと。

【絵カードを置く】

授業で使った絵カードを，片付け忘れて教室に置いておいたことがありました。ところが，休み時間に子どもたちがそれを取り上げて面白いことを始めたのです。私の授業を再現するかのように，教師役と子ども役になり，絵カードを使った言葉の練習をし始めたのです。

こういう例は特別かもしれませんが，出し惜しみせずに，子どもたちが手にする機会を作ってよいのではないでしょうか。

②授業で使ったCDを日常的に聞かせる

授業で使ったCDを，プレイヤーとともに置き，自由に使わせます。使える時間を決める等の配慮は必要ですが，効果は大きいです。授業で楽しく学んだ歌なら，子どもたちは休み時間にもCDをかけて聞きます。

この他に，教師が意図的に歌を聞かせる場面を作ってもいいでしょう。

・朝の会で歌う歌の一つとして，英語の歌を使う。
・給食準備の時間等のBGMとして使う。

以前，掃除の時間に英語の歌をBGMとして使ったことがあります。毎日，聞き続けることの効果は大きく，子どもたちは，知らず知らずのうちに覚えてしまい，英語の歌を口ずさみながら掃除に取り組んでいました。

この時使用していたCDは，『Super Simple Songs』という歌のシリーズ。他のページでも紹介していますが，簡単に覚えられて歌いやすい曲がたくさん入っています。

(坂井　邦晃)

教材・教具・教室環境

子どもたちが楽しく学べる絵本を選ぶスキル

POINT
❶教師自身が楽しめる絵本を選ぶ
❷英語の量が少なく，繰り返しの表現が多いものを選ぶ

①教師自身が楽しめる絵本を選ぶ

　学習指導要領の解説の中で，「デジタル教材の中に収められている絵本や図書室にある絵本，国語科の教科書等で取り上げられている物語などを活用して，繰り返しの簡単な語句や表現を使った英語劇を演じるなどの活動を行うことができる。」と書かれています。

　魅力的な絵本には，絵と言葉で子どもたちを引き付け，自然に英語をインプットする力があり，また，読み聞かせだけでなく，様々な言語活動にも発展させることができます。特に，低・中学年の段階から図書館での読書の時間を活用するなどして，絵本に触れる機会を多く取りたいものです。

　たくさんある絵本の中から，どれを選ぶか迷ってしまいがちですが，まず，教師が絵を見て気に入り，楽しく読めるものを選びます。

　例えば，エリック・カールの『THE VERY HUNGRY CATERPILLAR』（邦題『はらぺこあおむし』）。日本語版を読んだ子どもたちも多いはずです。

　私自身，何回も子どもたちに読み聞かせで使っている絵本です。いろいろな物を食べ続ける青虫の絵はかわいくて，何度読んでも，子どもたちと一緒に楽しめます。また，さなぎから蝶に変身して，ハッピーエンドで終わると

いうストーリーもいいです。「こんな楽しい絵本を読んであげたら，子どもたちはきっと喜ぶだろうな。」という絵本を選びましょう。

②英語の量が少なく，繰り返しの表現が多いものを選ぶ

　絵本と一口にいっても，たくさんの種類があります。対象年齢も様々です。書かれている英語の量も多く，難しい言葉がたくさん出てくるものもあります。

　読み聞かせに慣れていないうちは特に，書いてある英語が少なく，繰り返しの表現が多いものを選ぶといいでしょう。

　『THE VERY HUNGRY CATERPILLAR』では，

> "…but he was still hungry."
> （でもまだ彼ははらぺこでした。）

という表現が何回も繰り返されます。ページを読み進むうちに子どもたちはこの表現を覚えて，教師と一緒に言うようになります。

　また，表現だけでなく，展開も同じパターンが繰り返されます。曜日とともに食べる果物の種類が変わり，数も１個ずつ増えていくというパターンです。教師自身も心地よいリズムを感じながら，読み進めることができます。

〈絵本の入手方法について〉

　個人で気に入った絵本を購入するのが，理想だろう。もしそれが難しいなら，近くの公立図書館等に問い合わせてみて，所蔵している絵本を借りるという方法もある。また，勤務する学校の図書館の蔵書として購入可能だったら，予算を確保して計画的に購入していきたい。

（坂井　邦晃）

教材・教具・教室環境

絵本の読み聞かせの準備を進めるスキル

POINT
❶絵本を使う適切な時季を決める
❷CD等の音源を使って読む練習をする

①絵本を使う適切な時季を決める

　選んだ絵本をできるだけ有効に使います。特に季節感のある絵本は，タイミングを外さないようにします。『THE VERY HUNGRY CATERPILLAR』だったら，春から初夏にかけて使います。校庭や学級園などで，様々な生き物の成長が見られる時季です。理科の授業で，昆虫や生き物の学習中なら，子どもたちの学びもいっそう深まります。

　以前担任した学級で，『GOOD NIGHT, GORILLA』という絵本の読み聞かせをしたことがあります。この絵本は動物園がテーマで，いたずらなゴリラとともにたくさんの動物が登場します。読み聞かせをしたのは，校外学習で動物園に行ったすぐ後のこと。「僕たちが行った動物園とはずいぶん違うなあ。」と言いながら，子どもたちは興味を持って聞いてくれました。

　また，子どもたちは気に入った絵本を何回か繰り返して読むと，出てきた英語を無理なく覚えてしまう時があります。絵をプロジェクターで映し出して，朗読会をすることもできます。保護者等の参観に合わせて発表することもできます。

　教科の学習だけでなく，学校行事との関連も考えて使う時季を決めます。

②CD等の音源を使って読む練習をする

　まず，本文を何回も声に出して読んでみます。読んでいて，うまく読めないところ，単語の意味が分からないところはないでしょうか。いくら英語の量が少ないとはいえ，英語圏のネイティブの子どもたちが読んでいるもの。日本人にとって，難しい言葉は当然あると考えます。

　『THE VERY HUNGRY CATERPILLAR』を英語で初めて読んだ時，意味の分からない言葉がたくさん出てきたことを覚えています。例えば，タイトルの caterpillar の意味も自信がありませんでした。分からない時は，すぐに辞書を引いて調べるといいでしょう。ちなみに私が辞書を引いて調べたのはこれらの言葉です。

---

pop（ポンと弾ける。）
ate through（食べて穴を開けて通り抜けた。）
plum（プラム）
lollipop（ぺろぺろキャンディ）
stomachache（腹痛）
cocoon（繭）
nibble（かじる）

　音源CD付きの絵本はそれを聞き，真似して読む練習をしましょう。YouTube でも，多くの絵本の読み聞かせている動画を見ることができます。すぐにスラスラ読めるのは難しいかもしれませんが，最初は，おおまかに英語独特のリズムをつかむような感じで真似してみましょう。機会があれば ALT に聞いてもらいアドバイスを受けます。

　慣れてきたら，子どもたちに読み聞かせをするつもりで，大きな声で読んでみます。実際に絵本を持ち，ページをめくりながら読みます。

（坂井　邦晃）

アルファベットの指導

アルファベット表を使って楽しく学ばせるスキル

POINT
❶ZからAまで言ってみようゲームで楽しく学ばせる
❷Zと言ったらチャンピオンゲームで楽しく学ばせる

①ZからAまで言ってみようゲームで楽しく学ばせる

　1人に1枚ずつアルファベット表を持たせます。テキストの，アルファベットが書かれてあるページを使ってもよいです。「2人一組で，AからZまでを交互に言いましょう。もちろん，アルファベット表を見ながらでいいです。」

　さらに，このように付け加えます。「これは，スピードを競う競争ではありません。2人でしっかりアルファベットを言うことが目的です。苦手な友だちには，教えてあげてください。2人で協力して最後まで言いましょう。」

　速く言い終えようと，いい加減にならないように注意すると，苦手意識を持っている子どもも安心する。

　「Everybody. Please stand up.　立ってください。言い終えたら座りましょう。Are you ready? Okay, start!」と始めます。子どもたち，ワイワイと2人で表を見ながら楽しそうに取り組みます。

　言い終えて，全員の子どもたちが座ったら，Good!　Well done! とほめてから，次の課題を伝えます。「今度は逆に，ZからAまでを言います。」子どもたちから，エーッという声があがっても構わず続けます。「Please stand. Ready, go.」

これがなかなか難しく，子どもたちが親しんでいるABCソング等でも，アルファベットの唱え方はAからZへの順が一般的です。これを逆に唱えるというのはかなりの抵抗があります。アルファベットの表を見ながらでないと，大人でも難しいので，子どもたちもペアでワイワイ言いながら取り組みます。言い終わったら，大いにほめてあげましょう。

※外山節子氏（敬和学園大学客員教授）提供の資料を活用させていただいた。

②Zと言ったらチャンピオンゲームで楽しく学ばせる

　同じくアルファベット表を使ってのアクティビティー。「今のように2人で交互にAから言っていきます。ただし，1人で3個までアルファベットを言うことができます。最後にZと言った人が勝ちというゲームです。」

　このように説明すると，子どもたちの中から「ああ，あのゲームだな。」という声があがります。数字を使って行う似たゲームがあり，多くの子どもたちは経験しているはず。子どもたちが慣れ親しんでいる遊びやゲームを，英語の活動に応用してみるのです。ルールをくどくど説明しなくても，すぐに理解してくれ，活動に入ることができます。応用編として，「Zと言ったら負け」というルールにしても楽しいです。

※『英語ゲーム92』（オックスフォード大学出版局・旺文社編）で紹介されているゲームである。

　アルファベットは文字の学習だからプリントをたくさん用意して，ドリル的に何回も書かせよう，と短絡的にならないこと。楽しくて夢中になり，気がついたら，何回もアルファベットを見て，言っていたという経験をたくさん積むことが大切です。

（坂井　邦晃）

アルファベットの指導

身体でアルファベットを作り学ばせるスキル

POINT
❶大文字を指，手，身体で作らせる
❷間違いやすい小文字は両手で作らせる

①大文字を指，手，身体で作らせる

　黒板に大きく，大文字のXと書き，子どもたちに聞きます。「Can you make X with your fingers?　指でX，作れる？」子どもたち，すぐに指をクロスさせてXを作って見せます。さらに聞く。「Can you make bigger X with your arms?　腕でもっと大きなXは作れる？」子どもたち，これもすぐに両腕をクロスさせてXを作ります。さらに聞く。「Can you make bigger X with your body?　身体を使って，もっと大きいXはどう？」子どもたちは，立ち上がり両手両足を広げてXを作ります。Very good!　Good job!とほめて，さらに聞く。「Can you make X with your partner?　2人組で，全身を使って，このXを作れる？」2人で手を組んで，空いた手を伸ばしたX，お尻を合わせて両手両足を逆方向に伸ばしたX，などなどいろいろ出てきて楽しいです。

②間違いやすい小文字は両手で作らせる

　次ページの表を見せながら，小文字を両手で作らせてみます。慣れてきたらABCソングに合わせて作るという活動もできます。

（坂井　邦晃）

アルファベットを作ってみよう

a	b	c	d
e	f	g	h
i	j	k	l
m	n	o	p
q	r	s	t
u	v	w	
x	y	z	

Chapter2　英語授業の指導スキル 60

アルファベットの指導

アルファベットを楽しく学ばせるスキル

> **POINT**
> ❶カードの見せ方を工夫する
> ❷アクティビティーで楽しく学ばせる

①カードの見せ方を工夫する

カードの見せ方を工夫することで,アルファベットの学習がさらに楽しくなります。いろいろな見せ方で,子どもたちに「What alphabet is this? このアルファベットは何だろう?」と考えさせると,楽しく考えて,答えてくれます。

【一部分を隠す】
　最初は見える部分を少なくして,徐々に見せるようにしていく。

【穴をあけた紙で隠す】
　穴をあけた紙をずらして,見える部分を変えてもいい。

【ジグソーパズルにする】
　コピーしたカードを4つに切り,ジグソーパズルにする。あまり複雑に切り分けない方がよい。

②アクティビティーで楽しく学ばせる

　教師は「What alphabet is this?」と聞きながら，空中にアルファベットの大文字を書いて見せます。最初は分かりやすいアルファベットがよいでしょう。O，X，T等の左右対称のものを選びます。

　子どもたちは，答えが分かるとすぐに「分かった！　Oだ！」と声に出しがちです。全員が教師の手元をじっくりと見て考えられるように，「If you know the answer, please raise your hand and cover your mouth with the other hand.　答えが分かった人は，片手で口をふさいで，もう片方の手を挙げよう。」と注意しておきます。また，答え方も「It's ＿＿＿．」または「I think it's ＿＿＿．」というパターンを教えていき，徐々に，英語での答えにも慣れさせます。

　これを使って，リレー形式のアクティビティーもできます。

（1）4～6人の列を作らせる。全員教室の後ろを向く。
（2）先頭の子どもたちだけ前を向かせて，アルファベットの文字カードを1枚見せる。
（3）先頭の子どもは，次の子どもの肩をたたき，こちらを向かせる。教師が見せたアルファベットを空中に書いて伝える。
（4）全部の列で最後まで伝わったら，クラス全員でそのアルファベットを言う。

　子どもたちが勝敗にこだわりすぎるようならば，「これはスピード競争ではありません。分かりやすいように伝えることが大切です。」と説明します。

　アルファベットの伝え方も，いくつかパターンがあり，例えば，手の平や背中に，指で書いて送るという方法があります。ただ，高学年になると，子どもたち同士の身体の接触が少ない方がスムーズにいく場合が多いので，学級の実態に応じて実施します。

（坂井　邦晃）

アルファベットの指導

文字の名前と形を一致させるスキル

POINT
① アルファベットカードゲームで楽しく学ばせる
② 配慮事項に留意して小文字バージョンでも取り組ませる

①アルファベットカードゲームで楽しく学ばせる

　ペアまたは4人までのグループで、切り分けたアルファベットカードを、シートの上に順に並べていくというゲーム。友だちと協力しながら進めることで、アルファベットの名前を楽しく学ばせることができます。

〈ゲームのやり方〉
（1）（102ページをA4判の画用紙に印刷し、切り分けておく。103ページはシートとしてA4判に印刷しておく。）カードを裏向きに広げて置く。ジャンケンで順番を決める。
（2）最初の子どもがカードをめくる。出たカードのアルファベットを2人で言う。めくったカードは、そのまま表向きに置く。

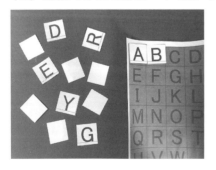

（3）次の子どもがカードをめくる。出たカードのアルファベットを2人で言う。(2)と同様に、そのまま表向きに置く。
（4）Aが出るまで交互にカードをめく

り，アルファベットを言っていく。
（5）Aが出たら，アルファベットシートのAの上にカードを置く。
（6）Bが出るまで同様に続ける。Bがすでに出ていたらすぐにシートの上に置く。※写真はBまでアルファベットシートに置いたところ。
（7）このようにカードをどんどんめくっていき，A→B→C→…→Zまで順に全部のカードを置いたら上がりとなる。

このゲームは，ルールが単純で偶然性が高いです。英語の得意・不得意，記憶のよし悪しに関係なくできます。準備も簡単ですぐにできます。

② 配慮事項に留意して小文字バージョンでも取り組ませる

次ページのコピー用シートは大文字バージョンですが，小文字バージョンも作成して，取り組ませます。ただその際には，以下のような配慮事項に留意します。細かなことですが，子どもたちがスムーズにアクティビティーを進め，また文字の学習を進めていく上でも重要な点です。

・カードのもとになるアルファベット表を作る時に基底線を入れる。
　→バラバラにした時に上下が判別しやすい。
・アルファベットシートとカードの色を変える。
　→置いたカードが判別しやすくなる。コピー用シートでは，グレーにしてある。
・使用するフォントに注意する。
　→子どもたちが書く時にお手本となるフォントにする。
　　○ a　　× a

※このアルファベットカードゲームは，藤澤京美氏（新潟市立黒埼南小学校）が考案し発表したものである。次頁からのアルファベットカードとシートは，藤澤氏の発表内容をもとに坂井が作成した。

（坂井　邦晃）

A	B	C	D
E	F	G	H
I	J	K	L
M	N	O	P
Q	R	S	T
U	V	W	
X	Y	Z	

A	B	C	D
E	F	G	H
I	J	K	L
M	N	O	P
Q	R	S	T
U	V	W	
X	Y	Z	

アルファベットの指導

色・形の指導

数の指導

曜日、月の指導

世界の国々に関する指導

季節の行事の指導

Chapter2 英語授業の指導スキル **60**

色・形の指導

身の回りの色に着目させるスキル

POINT
❶色探しをさせる
❷予想外の色の野菜クイズで楽しみながら学ばせる

①色探しをさせる

　テキストや絵カードを使って，色の言い方を学びます。基本的な色が分かったら，自分たちの身の回りにも，様々な色があふれていることに気づかせたい。色に着目させることで，英語で質問をするという言語活動にもつなげることができます。

　黒板の赤いチョークを指さして聞きます。「What color is this? 何色？」子どもたちは「赤。」「Red.」と答えます。この時に，It's red. という言い方を教え，さらに続けます。「この教室の中で red，赤を見つけよう。Find something red.」子どもたちは回りを見渡し，赤いものを見つけます。ランドセル，赤えんぴつ，靴，マグネット等々。着ている服の中に赤い部分を見つけ，「ありましたー。」と叫んだりして，教室はにぎやかになります。見つけたものを，全員で指さしてもいいし，その場へ行きタッチしてもいいです。見つけたことを「Very good! よく見つけました！」と大いにほめましょう。

　さらに色探しをさせます。「Find something yellow/ blue/ purple..」と，どんどん探す色を示し，テンポよく進めます。

　この活動をしていると，「薄紫って，英語で何と言うんですか？」と質問をしてくる子どもが出てきます。こういう疑問が出たら，英語での質問の仕

方を教えましょう。「それを ALT の先生に質問してみよう。その色を指さしながら『How do you say 青紫 in English?』と聞くんだよ。」子どもたちは，「How do you say___in English?　___は英語で何と言うのですか？」という応用範囲の広いフレーズを学べます。

②予想外の色の野菜クイズで楽しみながら学ばせる

パソコンで取り込んでモノクロ画面に加工したこの写真を見せて聞きます。

「What color are these?　何色？」多くの子どもたちは，当然のように「緑。」「Green.」と答えます。

そこで，加工前のカラー写真を見せます。なんとこれは赤オクラと呼ばれる野菜，色は Red。（本書では写真をカラーで見せられないのが残念。）

このような野菜を題材にすると，夢中になって What color is this? と考えているうちに，色の名前をしっかりと覚えることができます。

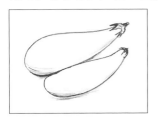

白いナス

紫のブロッコリー

黒大根

赤大根

紫アスパラガス

黄金色のかぶ

（坂井　邦晃）

色・形の指導

色の不思議を体験させるスキル

> **POINT**
> ❶絵本『Hello, Red Fox』の読み聞かせをする
> ❷色塗りをさせながら色の仕組みを学ばせる

①絵本『Hello, Red Fox』の読み聞かせをする

　エリック・カールの絵本『Hello, Red Fox』(邦題『こんにちは　あかぎつね』偕成社)。を使います。この絵本は，反対色（補色）によって引き起こされる錯視を利用して，色の不思議を体験させてくれます。

　表紙を見せ，読み聞かせを始めます。「Today, we're going to read this book in English.　今日は英語でこの本を読みます。The title is "Hello, Red Fox".　題名は『Hello, Red Fox』です。」表紙を見た子どもたちは，「どうして？」という疑問を持つことになります。そこに描かれているのは，緑のきつね a green fox であり，Red fox ではないからです。「読み進めていくと，この秘密が分かります。」とだけ言い，進めます。

　ページをめくります。見開きの左ページには，赤いハートが１個だけ描かれています。よく見ると，ハートの中央には黒い点（dot）があります。真っ白な右ページの中央には黒い点だけがあります。

　ここで説明をします。「まずハートの中央の黒い点をよーく見てください。先生が10数える間です。数え終わったら視線を右ページ中央の黒い点に移してください。そこに，薄い緑色のハートが見えるはずです。」10数えます。「one, two, three, four…… nine, ten. はい，視線を移してください。」子

どもたちから「うわー，見えたー！」という歓声があがります。

このような方法で a green fox も見ると，白いページに Red Fox が浮かびあがります。他にも a yellow butterfly が Purple Butterfly に，a blue cat が Orange Cat に見えるなど，不思議な色の世界を体験させてくれます。子どもたちの反応を楽しみながら，教師はページを読み進めていきます。（色の見え方には個人差がある。その点も一言付け加える。）

②色塗りをさせながら色の仕組みを学ばせる

色鉛筆で色塗りができるように次のようなワークシートを用意します。

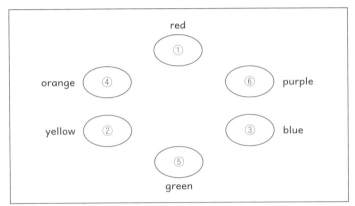

次のように一つずつ色塗りをさせながら，色の仕組みについて説明をします。「Color ① red. ①を赤く塗ってください。」同様に，②，③も塗らせます。「Red, yellow and blue are primary colors. 赤，黄，青，これらを三原色と言います。」

④を指さしながら「Red plus yellow is...」と子どもたちの発言を促します。

子どもたちから orange という答えが出る。同様に⑤，⑥も色の名前を確認しながら，塗らせます。6色塗れたところで，反対色（補色）について説明します。『Hello, Red Fox』では，この反対色が浮かびあがって見えていたことを説明します。

（坂井　邦晃）

色・形の指導

国旗を使って色・形を学ばせるスキル①

POINT
1. What's missing? ゲームで形の言い方を学ばせる
2. I spy ゲームで教室にあるいろいろな形に着目させる
3. 国旗当てゲームで形に注目させる

① What's missing? ゲームで形の言い方を学ばせる

　110ページの6種類の形の絵カードをA4サイズで用意します。これを使って, circle 円, triangle 三角, square 四角, rectangle 長方形, diamond ダイヤモンド, star 星の言い方を練習します。黒板に絵カード6枚を並べて貼ります（子どもたちの実態により枚数を調整する）。「今黒板に貼られている形のカードを10秒間よく見て，覚えましょう。10秒たったら1枚の絵カードが消えてしまいます。それがどの形かを当ててください。」と言って,「Ten, nine, eight…, zero.」と教師が数えます。「Time's up. Everyone, heads down. それではみなさん，下を向いて顔を伏せてください。」子どもたちが顔を伏せている間に，教師は1枚の絵カードを抜き取ります。「Heads up. 顔をあげてください。What's missing? 何の形がなくなりましたか？」子どもたちの答えを聞いてから，抜いた絵カードを見せて確認をします。これを何回か繰り返します。

② I spy ゲームで教室にあるいろいろな形に着目させる

教室の中にあるいろいろな形を探すI spyゲームも簡単にできて盛り上がります。これは，子どもたちに人気の絵本『ミッケ！』（小学館）からアイデアを得ました。「Do you see any circle? Find a circle. この教室の中に，circle，丸い形をしたものはありますか？」と問いかけて，探させます。時計や天井の模様，消しゴムなど丸い形の実物にいくつか気づいたところで，子どもたちに発表させます。発表の際は，「I spy（自分の目を指さして）a circle（時計を指さす）．」など，動作も同時に取り入れるよう促します。子どもたちの発言の後は，「Yes. The clock is a circle. そうですね。時計は丸いですね。みんなで言ってみましょう。The clock is a circle.」というように，見つけた形を全員で共有し，他の形の実物も同様に探させます。

③国旗当てゲームで形に注目させる

　111ページの国旗を見せ，教師の言うヒントを頼りにその国旗を当てさせます。

第1問　「I'm thinking of a flag. ある旗を思い浮かべています。It has a circle. It has three rectangles. それは円があります。3つの長方形があります。Which country's national flag is it? どの国の国旗でしょうか。」　　　　　答え　ラオス

第2問　「It has stars. One is big and the others are small. それは星があります。1つは大きくて，他は小さい星です。Which country's national flag is it? どの国の国旗でしょうか。」　　　　　答え　中華人民共和国

第3問　「It has four triangles. それは三角形が4つあります。Which country's national flag is it? どの国の国旗でしょうか。」　　　　　答え　ジャマイカ

第4問　「It has a diamond. It has a circle. それはダイヤモンドが1つあります。丸が1つあります。Which country's national flag is it? どの国の国旗でしょうか。」

答え　ブラジル

（本間　美樹）

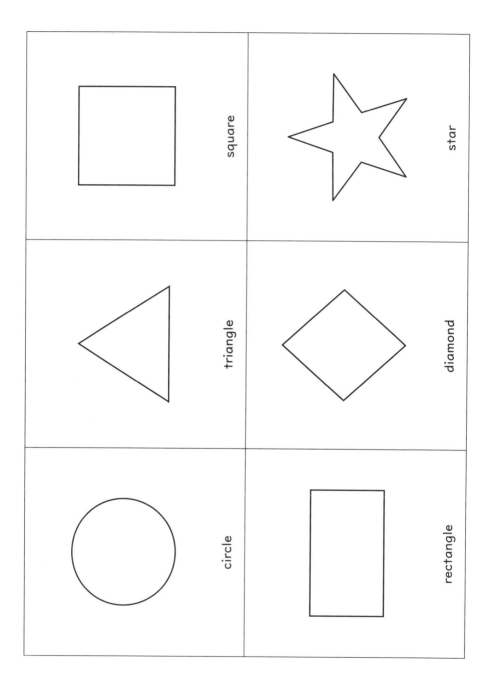

日本

バングラデシュ

ラオス

ガーナ

中華人民共和国

パナマ

バハマ

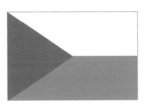
チェコ

ジャマイカ

セントヴィンセント

ブラジル

ベラルーシ

色・形の指導

国旗を使って色・形を学ばせるスキル②

> **POINT**
> ❶教師の指示で日本の国旗を描かせる
> ❷左右，縦横の言い方を教える
> ❸いろいろな国の国旗を描かせる

①教師の指示で日本の国旗を描かせる

　国旗に用いられている色や形を教材として扱うことで，意味のある良質なインプットの活動ができます。例えば，日本の国旗は多くの人が「赤・白・丸」という3つの言葉を思い浮かべます。この単純なキーワードをリスニング題材として扱う活動 Draw a flag. を行います。

【Draw a flag. のやり方】

　色・形の言い方を，絵カードを使って導入します。子どもたちの手がかりになるよう，色・形の絵カードは黒板に掲示しておきます。子どもたちには筆記用具と色鉛筆を用意させます。コピー用紙を配り，そこに教師が英語で指示した国旗を描かせます。「先生の言う言葉をよく聞いてください。その言葉通りに描き進めていくと，ある国の国旗になります。」と説明してから始めます。

「Draw a big rectangle. 大きな長方形を描きましょう。 Draw a circle

in the middle. 中央に円を描きます。Color the circle red. 丸を赤く塗りましょう。」子どもたちの様子を見ながら，一つずつ指示していきます。

「What country's national flag is this? どこの国の国旗かな？Yes, it's the national flag of Japan. 日本の国旗ですね。Show me your flag. Good job. その旗を教師に見せてください。よくできました！」と大いにほめ，自信を持たせて終わります。

②左右，縦横の言い方を教える

さらに複雑な国旗を描かせる場合は，左右や縦横など，空間を表す言い方を導入してから行います。

「This is a vertical line.（黒板に縦線を描く。）縦の線は英語でvertical lineと言います。This is a horizontal line.（黒板に横の線を描く。）横の線は英語でhorizontal lineと言います。右手を挙げましょう。（横線の右側にRightと書く。）右は英語でrightと言います。（黒板に横長の長方形を描いて3等分し，右端の長方形を指し示す。）This is the right rectangle. 左手を挙げましょう。（横線の左にLeftと書く。）左はleftと言います。（左端の長方形を指し示す。）This is the left rectangle.」

手を挙げさせ「Draw a horizontal line. 横の線を描いてください。」と空中で描かせて，確認してもよいでしょう。

③いろいろな国の国旗を描かせる

【フランス】

「Draw a big rectangle. 大きな長方形を描きましょう。Draw two vertical lines. You have three rectangles of equal size. 縦の線を2本描くと，同じ大きさの長方形が3つになります。Color the left rectangle blue. 左の長方形を青に塗ります。Color the right rectangle red. 右の長方形を赤に塗ります。What country's national flag is this? Yes, it's the national flag of France.」

 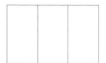  

　子どもたちが描き方に慣れてきたら，次ページの国旗の枠のワークシートをコピーして，そこに国旗を描かせてもよいです（この場合は最初に「Draw a big rectangle. 大きな長方形を描きましょう。」と言う必要はない）。国名と自分の名前を書かせて完成させます。

【ドイツ】

　「Draw a big rectangle. Draw two horizontal lines. You have three wide rectangles. 横の線を２本描くと，横長の長方形が３つになります。Color the top rectangle black. 一番上の長方形を黒に塗ります。Color the middle rectangle red. 真ん中の長方形を赤に塗ります。Color the bottom rectangle yellow. 一番下の長方形を黄色に塗ります。What country's national flag is this? Yes, it's the national flag of Germany.」

【ベトナム】

　「Draw a big rectangle. Draw a star in the middle. 中央に星を描きましょう。Color the star yellow. 星を黄色に塗ります。Color the rectangle red. 長方形を赤に塗ります。What country's national flag is this? Yes, it's the national flag of Vietnam.」

【台湾】

　「Draw a big rectangle. Point to the center of the rectangle. 長方

形の真ん中を指しなさい。Draw a vertical line upward from the center. そこから上に向かって縦の線を描きます。Point to the center of the rectangle. 長方形の真ん中を指しなさい。Draw a horizontal line to the left from the center. そこから左に水平な線を描きなさい。You have a quarter sized rectangle on the top left corner. 左上に４分の１の大きさの長方形ができました。Draw a white sun in the small rectangle. その中に白い太陽を描きなさい。Color the small rectangle blue. 小さい長方形を青に塗ります。Color the big rectangle red. 大きな長方形を赤に塗ります。What country's national flag is this? Yes, it's the national flag of Taiwan.」

※このアクティビティーは外山節子氏（敬和学園大学客員教授）の講義内容をもとに実践したものである。

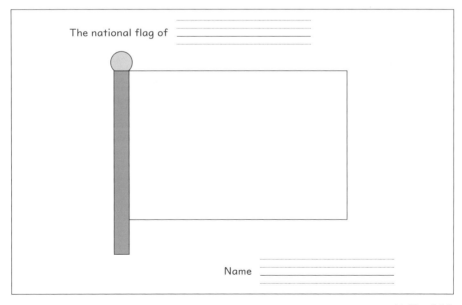

（本間　美樹）

色・形の指導

The Rainbow Songで色を学ばせるスキル

POINT
❶色のカードを歌に合わせて上げさせる
❷友だちとカードを交換させる

①色のカードを歌に合わせて上げさせる

『Let'sTry!1』Unit4 I like blue.のThe Rainbow Songを使って楽しく色を学ばせることができます。

The Rainbow Song
Red and yellow and pink and green, purple and orange and blue,
I can sing a rainbow, sing a rainbow, sing a rainbow too.

文科省の指導プランでは，ただデジタル教材の「音声に合わせて歌う」となっていますが，まずカードを使った「聞く活動」を行います。用意するのは，A4判の色のカード7枚（red, yellow, pink, green, purple, orange, blue）。名刺大の色のカード（7色）をクラスの人数分プラス予備を2セットほど。

最初は，A4判のカードを使って色の言い方を確認します。次に名刺大の色のカードを1人に1枚ずつ配ります。

「これから先生がThe Rainbow Songという歌の歌詞を言います。自分が持っている色が出てきたら絵カードを上げてください。rainbowが出てきたら全員上げてください。」と伝えゆっくり歌詞を読み上げます。できれ

ば，事前にデジタル教材の歌を聞いておき，メロディーを覚えて歌います。

　しっかり自分のカードを上げられたら大いにほめ，「CDの歌に合わせて上げてみよう。」と言い，CDをかけます。
　歌に合わせてカードを上げることで，子どもたちはしっかり聞き取ろうという姿勢で歌詞の英語を聞くことができます。

②友だちとカードを交換させる

　以下のように説明して，自分の好きな色のカードを持たせます。「自分の好きな色のカードを持っている友だちを探して，交換します。例えばblueのカードが欲しかったらI like blue. I like blue,,, と教室内を歩いて，blueのカードを持っている友だちを探します。お互い好きなカードを持っていたらThank you. と言って交換しましょう。」ただし声の大きさは，50cmくらいの距離に届くだけのささやき声で，とします。お互いに相手の言葉をしっかり聞こうとするからです。

　実態に応じて，自分のカードを相手に見せてDo you like (blue)？Yes, I do. / No, I don't. とやり取りさせてもいいでしょう。自分の好きな色のカードが手に入れられない子どもがいたら，教師が予備のカードを持ってやり取りします。全員が好きな色のカードを持つことができたら，音楽をかけてカードを上げさせます。

　このように何回も，変化をつけた活動をするうちに，子どもたちは色の名前を自然に覚えます。教師が，歌いましょうと言わなくても，しっかり歌うようになります。

(坂井　邦晃)

数の指導

簡単なクイズ作りで数を指導するスキル

POINT
❶ウォーミングアップは数の歌で
❷クイズ作りで楽しくコミュニケーションさせる

①ウォーミングアップは数の歌で

　「Ten Steps」（『Let's Try!』のデジタル教材より）を使って，数の言い方を練習します。ただしこの文科省バージョンの「Ten Steps」は20までの数が出てきます。クラスの実態に応じて，1から7までの数で歌う「Seven Steps」（『Super Simple Songs』より）を使ってもよいでしょう。
　歌う時は，絵カードを黒板に貼るなどして，視覚からも数と言葉をインプットします。

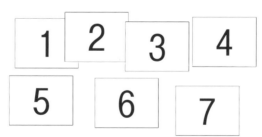

②クイズ作りで楽しくコミュニケーションさせる

　黒板に三角形を1つ描いて聞きます。「How many triangles do you see?　三角形はいくつ？」子どもたちは，当然という感じで「1個。」と答

えます。ここで「One triangle.」という言い方を教えます。

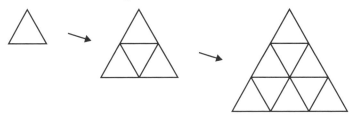

さらに三角形を描き足して聞きます。「How many triangles do you see?」「4個だよ！」とすぐに答える子がいます。「Four triangles?　4個かなあ？」と，首を傾げてみせます。何人かの子どもが「あ，5個だ！」「Five triangles!」と答えます。5個と答えた子どもに，黒板の三角形で説明してもらい「Yes! You can see five triangles!」と大いにほめます。

さらに描き足します。「How many triangles do you see?」子どもたちは，黒板の絵を見たり，ノートを取り出して考え始めたりします。ガヤガヤといろんな答えが出てくるので，全員で正解を確認します。「You can see thirteen triangles!」

「正方形 square や長方形 rectangle を使って，問題を作ってみよう。」と問題作りをさせます。「ただし，あんまり複雑な問題にしないでください。」とも付け加え，できた問題は隣同士やグループの中で出し合って楽しみます。その際に，聞く方は How many squares/rectangles do you see?，答える方は I see ○○ squares/rectangles. と，できるだけ英語でやり取りさせるようにします。

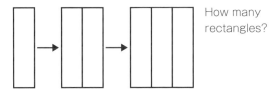

（坂井　邦晃）

数の指導

The Smallest Number Game で数を指導するスキル

> **POINT**
> ❶ 1～20までの数の言い方をしっかりインプットする
> ❷ 賞賛や慰めの言葉でゲームを盛り上げる

① 1～20までの数の言い方をしっかりインプットする

　準備はメモ用紙とチョークだけでOK。全員がドキドキしながら数字に注目し，その言い方も覚えられる楽しいゲームです。タイトルの通り The smallest number（一番小さい数字）を選んだ人が勝ち，というルール。ただし，"一人だけで選ぶ"という条件がつきます。以下は，ゲームの進め方です。（子どもたちへの説明の仕方は次ページ。）

> 　教師は黒板に1～20までの数字を書く。子どもたちに，この数字の中から各自1つ選ばせる。メモ用紙を配り，選んだ数字を書かせ，紙を伏せさせる。全員が書き終わったらゲームを始める。教師が20，19……と順に数字を言って，各数字を選んだ子どもの数を確かめていく。子どもたちは，自分の選んだ数字が言われたら Yes. と言って手を挙げる。自分以外に誰もその数字を選んでいなければ，暫定チャンピオンとなり，みんなから賞賛を受ける。さらに確認を続け，より小さい数を1人だけ選んでいたら，その都度交代して暫定の新チャンピオンとなる。1まで確かめて，最終的なチャンピオンを決める。

② 賞賛や慰めの言葉でゲームを盛り上げる

　「Look at the board. You can see the numbers from 1 to 20. Each student chooses one number from them. The student who chooses the smallest number will be a winner of this game. 一番小さい数字がチャンピオンゲームをします。1から20までのうち，各自1つだけ数字を選んでください。皆さん，1が一番小さい数というのは分かりますね。でも1を選んでもチャンピオンになれるとは限りません。同じ数を選んだ人が何人かいた場合には，チャンピオンの権利はなくなります。したがって，例えば，10を選んだ人が1人で，9から1までの数がどれも誰かとかぶっていた場合は，10を選んだ人がチャンピオンです。」と，日本語でも解説をしてルールを確認します。

「Please choose one number you like. Then write it on the paper. Don't show it to anyone (else). I'll say the numbers from 20 to 1. When you hear your number, please say, "Yes." And raise your hand. (※前述のゲームの進め方をご覧いただき，必要に応じて日本語で補足する。)」

20から順に聞いていきます。まず，黒板の数字を指さしながら，ゆっくり「Twenty!」と言います。

【その数字を選んだのが1人だけの時】「Great! You are the champion at this time/at the moment. Everyone say to ○○, Congratulations! みんなでおめでとう，と言ってあげよう。Congratulations!」

【2人以上の時】「That's too bad. Everyone, say (to them) "That's too bad." 残念だったね，と言ってあげよう。○○さんが引き続きチャンピオンです。Lucky you. よかったね！と言ってあげよう。」

【新しいチャンピオンに代わった時】「△△, you are the new champion.」

【ゲームの終わり】「Everyone, say to △△, Congratulations! You are the champion. 全員で言ってあげよう。Congratulations!」

※ The Smallest Number Game は，藤澤京美氏（新潟市立黒埼南小学校）が考案したものである。

（坂井　邦晃）

数の指導

百の位，千の位までの数を学ばせるスキル

POINT
❶建造物や山の高さを題材にする
❷様々な大きな数に注目させる

①建造物や山の高さを題材にする

　百の位，千の位までの数字の言い方をただ機械的に学ばせるのではなく，以下のような活動で建造物や山の高さを題材に，楽しく学ばせます。

（1）Tokyo Sky Tree　（2）the Canton Tower　（3）Burj Khalifa

（1）東京スカイツリーの写真を見せて聞く。「What's this?」多くの子どもたちがスカイツリーと答える。「Yes, It's Tokyo Sky Tree.」

（2）広州タワーの写真を提示して聞く。「What's this?」おそらく多くの子どもが分からない。「It's the Canton Tower. これは中国広東省広州市にある広州タワーです。」と説明する。

　「Tokyo Sky Tree, and the Canton Tower. Please guess. Which is taller?　スカイツリーと広州タワー，どちらが高いでしょう？」これもほとんどの子どもが分からないだろう。「Who thinks Tokyo Sky

Tree is taller? Raise your hand. Who thinks the Canton Tower is taller? Raise your hand.」当てずっぽうでよいので，手を挙げさせる。「Let's check the answer. 答えをチェックしましょう。」2つのタワーの高さをゆっくりと英語で言いながら書く。「Tokyo Sky Tree is 634 meters tall. The Canton Tower is 600 meters tall. Tokyo Sky Tree is taller.」

（3）「世界にはこのように高い建物がたくさんあるのですね。Do you know the tallest building in the world? 世界で一番高い建物を知っていますか？」子どもたち，いろいろな建物の名前をあげてくる。ここでブルジュ・ハリファーの写真を提示する。「It's Burj Khalifa.（発音は bɜːrdʒ kəˈliːfə）The tallest building in the world. これはブルジュ・ハリファー。アラブ首長国連邦ドバイにある世界一高い建物です。」「Please guess how tall Burj Khalifa is. ブルジュ・ハリファーは高さ何メートルでしょう？」写真を見ながら子どもたちは様々に推測する。何人かの考えを発表させた後に「The answer is this. It's 828 meters tall.」と正解を板書する。「すごい高さですね。ブルジュ・ハリファーは160階建の複合施設で，エレベーターは57基あるそうです。」という説明も付け加える。

②様々な大きな数に注目をさせる

富士山の写真を見せて聞きます。「Mt. Fuji is the tallest mountain in Japan. Do you know the height of Mt. Fuji? 日本一高い山，富士山の高さを知っていますか？」答えは，3,776m（three thousand seven hundred seventy-six meters）。

エベレストの写真を見せて聞きます。「Mt. Everest is the tallest mountain in the world. Do you know the height of Mt. Everest? 世界一高い山，エベレストの高さを知っていますか？」答えは8,848m（eight thousand eight hundred forty-eight meters）。

※伊東啓一氏（黒部市立桜井小学校）提供の資料を活用させていただいた。　　　　　（坂井　邦晃）

数の指導

万の位までの数を学ばせるスキル

> **POINT**
> ❶社会科の学習との関連で意欲づけを図る
> ❷位を色分けして読みやすくする

①社会科の学習との関連で意欲づけを図る

　大きな数字を，ただ読ませるだけでは，子どもたちは退屈してしまいます。子どもたちの学習経験を生かして，興味を持って取り組ませることが必要です。例えば地域や国や世界の人口，川や道路や国境線の長さ，生産物や流通の数量，微生物や細菌の数等々，大きな数字が出てくる単元の学習と関連づけます。ここでは日本一長い信濃川，世界一長いナイル川を取り上げます。

（1）信濃川

（2）ナイル川

②位を色分けして読みやすくする

（1）信濃川の写真を見せて聞く。「Do you know the longest river in Japan? 日本で一番長い川を知っていますか？」高学年の子どもたちなら，すぐに答えるだろう。「Yes, it's the river Shinano. It's 367

kilometers long. 　そうです，信濃川です。距離は367kmです。」大きく黒板に367kmと書く。
　「信濃川の長さ367kmをmで表すと？」これも高学年なら，すぐに答えるだろう。367,000mと黒板に書く。ただし，位を見やすくするために，367,を赤チョークで書く。

【板書】　The river Shinano　→　367km＝367,000m

　「Can you say this number in English?　この数字を英語で言える？」と聞く。これはなかなか簡単には答えられないだろう。このように説明する。「下から3桁目にカンマが入っています。このカンマは千の位thousandを表しています。だから，three hundred sixty-seven thousand metersと読みます。Let's say it together.」一緒にゆっくりと読ませる。
（2）続けて，ナイル川の写真を見せて聞く。「Do you know the longest river in the world?」社会科が得意な子どもは答えられるかもしれない。「It's the river Nile.　ナイル川です。It's 6,650km long.」6,650kmと書く。「ナイル川の長さ6,650kmをmで表すと，どうなるでしょう。」信濃川と同じように，位を見やすくするために6,を黄色チョーク，650,を赤チョークで6,650,000mと書く。

【板書】　The river Nile　→　6,650km＝6,650,000m

　「カンマが2つあります。下から6桁目のカンマは，百万の位millionを表します。だから，six million six hundred fifty thousand metersと読みます。」一緒にゆっくりと読ませる。英語の数字の読み方をまとめる。「3桁ずつカンマで区切って，カンマの前の数字にthousandやmillionを付ければ，大きな数を読むことができます。」
　数字の読み方は難しい。他教科の学習でも大きな数字が出てきた時には，「英語で読んでみようか」等と呼びかけ，繰り返し読ませたい。

※伊東啓一氏（黒部市立桜井小学校）提供の資料を活用させていただいた。　　　（坂井　邦晃）

曜日，月の指導

曜日をゲームとチャンツで定着させるスキル

POINT
❶What's Missing?（当てっこゲーム）で練習
❷チャンツを使って定着させる

①What's Missing?（当てっこゲーム）で練習

　Sunday から Saturday まで，7枚の絵カードを用意します。順番に見せながら数回練習したら，3枚のカード（Sunday, Monday, Tuesday）を黒板に貼ります。「Close your eyes. 目を閉じて。」と言い，その中の1枚を取って隠します。「Open your eyes. 目を開けて。」取り去った1枚の貼ってあった場所を指さし「What's missing? なくなったのは？」と聞きます。子どもたちは，Tuesday! と答えます。隠していたカードを見せ，Very good! とほめながら，すぐに「Close your eyes.」と目を閉じさせます。テンポよく進めた方が，子どもたちの集中も途切れずに進められます。

　取り去るカードを変えたり，残った2枚の絵カードの場所を入れ替えたりして聞きます。また，枚数を4〜6枚くらいに増やすことも可能。子どもたちの様子を見ながら，やってみてください。

②チャンツを使って定着させる

　曜日の言い方を，チャンツのリズムと手遊びで定着させる活動です。1回目は教師がチャンツを唱えながら，手遊びをやって見せます。（○→腿をた

たく　●→胸の前で手をたたく　△→相手と手を合わせるように前に出す。)

　2回目は「Please watch me and copy me. 先生を見て，真似してください。」と教師の動きを真似させます。さらに「もう一度先生と一緒にやってみましょう。手を前に出すところでは，先生と手を合わせるつもりで出してください。」と練習します。ペアを作って向き合い，教師の歌に合わせて，手遊びをさせます。△のところでは，相手と両手のひらを合わせるようにします。

『曜日のチャンツ』

Sunday　→　Monday　→　Tuesday　→　Wednesday　→
○　　　　　　●　　　　　　△　　　　　　●

Thursday　→　Friday　→　Saturday
○　　　　　　●　　　　　　△　●

　次のバージョンは，手遊びの動きを難しくしたもの。慣れてきたら，子どもたちとぜひ挑戦してください。

『曜日のチャンツ』　難しいバージョン

Sunday　→　Monday　→　Tuesday　→　Wednesday　→
○　●　△　●　　　○　●　△　　　　●

Thursday　→　Friday　→　Saturday
○　　　●　△　●　　○●　△

（坂井　邦晃）

曜日，月の指導

曜日を歌とアクティビティーで定着させるスキル

POINT
❶ 歌いながら覚えさせる
❷ アクティビティーで楽しく定着させる

①歌いながら覚えさせる

　メロディーに乗せて歌えば，子どもたちは曜日を簡単に覚えてしまいます。「Sunday, Monday, Tuesday」(『Hi,friends!1』より) が使いやすいです。

　デジタル教材では，曜日の絵カードも歌詞に合わせて出てきます。

　「Days Of The Week Song」(『Super Simple Songs』より) のYouTube 版は，同じ歌をまた違った可愛いアニメ動画とともに見ることができます。教室で視聴可能な場合は，お勧めです。

・1回目は，「Let's listen. 聞いてみよう。」と，子どもたちと一緒に聞く。
・2回目以降は，「歌えるところは，一緒に歌ってみよう。」と促す。

　教師の口元に注目させ，以下の2か所の発音の仕方を見せます。Thursday の Th →大げさに舌を突き出し，それを軽く嚙むような感じで，ゆっくり th の音を強調しながら Thursday と発音します。Friday の F →上の歯で下唇を軽く嚙むような感じで Friday と発音します。子どもたちに，英語には日本語にはない発音の音があることに気づかせます。

②アクティビティーで楽しく定着させる

　Sunday から Saturday までの絵カードを１枚ずつ見せながら，アカペラで歌います。絵カードを黒板に貼り，それを指しながらもう一度歌います。Sunday の最初の文字 S を指さして聞きます。「What alphabet is this? このアルファベットは？」子どもたちは S と答えます。絵カードの下に S と大きく書きます。同様に他の曜日も最初のアルファベットを書きます。(S，M，T，W，T，F，S の７文字)「Can you make these alphabet letters with your hands? 両手を使ってこのアルファベット作れるかなあ？」と問いかけ，７文字を手で作らせます。「自分から見て，そのアルファベットになればいいんだよ。こんな具合に……」と教師も作って見せます（下図参照）。

　「Please make the alphabet letters with your hands and fingers while I sing the days of the week song. 先生の歌に合わせてアルファベットを作ってください。」最初はゆっくりと，子どもたちがアルファベットを作る様子を見ながらアカペラで歌い，慣れてきたら，速く歌います。

　さらに発展させて，「Can you make these alphabet letters with your body? 身体を使ってこのアルファベット作れるかなあ？」という活動もできます。

（坂井　邦晃）

曜日，月の指導

月の名前を定着させるスキル

> **POINT**
> ❶チャンツと絵カードで月の名前を確認させる
> ❷トランプを使ったゲームで楽しく覚えさせる

①チャンツと絵カードで月の名前を確認させる

（1）January から December までの絵カードを見せながら「Twelve Months」（『Hi, friends! 2』より），「The Months Chant」（『Super Simple Songs 3』より）等のチャンツを聞く。

（2）子どもたちと一緒に月の名前を言ってみる。

（3）音声を聞きながら，月の名前をチャンツに合わせて言う。

月の名前を全て，1回で覚えるのは難しいので，可能ならば，その絵カードを教室に掲示して，いつでも目に触れるようにします。ただチャンツするだけでなく，以下のような活動で変化をつけてもよいでしょう。

・チャンツを聞きながら，自分の誕生月の時に起立する。（手を挙げる。）
・クラス全員で，チャンツを聞いて一緒に言いながら，各自の誕生月順に1列に並んでみる。

②トランプを使ったゲームで楽しく覚えさせる

トランプのゲーム「ブタのしっぽ」に似たゲームです。月の名前とトランプの数字を対応させるのがポイントです。

まず教師は，January から December の絵カードを黒板に貼り，

Januaryの絵カードの下には数字の「1」，Februaryの絵カードの下には「2」を書き，同様に続けて，最後にDecemberの絵カードの下に「12」を書いたら，これら1から12の数字に対応させてトランプのA（1）からQ（12）を見せながら，子どもたちと一緒にJanuaryからDecemberまでもう一度言ってみます。ゲーム中，黒板の絵カードと数字はいつでも見てよいこととします。

　ゲームは4〜5名のグループに分かれて行い，1つのグループで，ゲームのやり方を見せます。まず，トランプをよくきり，ブタのしっぽ状に置き，（下図参照）グループ内で1人ずつ順にカードを引き，出た数字に当たる月の名前を言って，そのカードを中央の場に出します。K（13）またはジョーカーを引いたら，その時場に出ているカードを全てもらいます。もらったカードは出さずに，ためていき，たくさんカードをもらった人の負け，すなわち，手持ちのカードが少ない人の勝ちです。教師は各グループに，K（13）とジョーカーを含むトランプ1セットずつを渡し，ゲームを始めます。

1だから…
January!

　単純なゲームですが，楽しく盛り上がります。偶然選んだカードが勝敗を左右するので，子どもたちは負けても清々しい表情です。このゲームの目的は，月の名前をしっかり言うこと。「月の名前を忘れたら，グループのみんなで教え合おう。」と伝えます。

(山本　尚子)

曜日，月の指導

月の名前を使って簡単なやり取りをさせるスキル

POINT
❶ 有名人の誕生月で月の名前に興味を持たせる
❷ トランプを使ったコミュニケーションゲームで楽しく覚えさせる

① 有名人の誕生月で月の名前に興味を持たせる

　誕生月を話題にしてみんなで楽しく盛り上がります。有名人の誕生月はインターネットで簡単に調べることができるので，それをもとに資料（誕生月別の有名人の写真）を用意しておき，1月生まれの人々の写真を見せながら話しかけます。「Look at these pictures. They were born in January. Their birth month is January. この人たちは，みんな1月生まれです。Who was born in January? Please raise your hand. 1月生まれの人は手を挙げてください。」

　あの有名人と同じ誕生月だった！と子どもたちにとっては印象に残ります。

　取り上げる人物は，芸能人やプロスポーツ選手に限らず，隣のクラスの教師，ALT，校長先生等，身近な人物の誕生月を知るのも楽しいです。

　大切なのは，月の名前に様々な方法で触れさせることです。

② トランプを使ったコミュニケーションゲームで楽しく覚えさせる

　トランプのババ抜きに似たゲームで，ペアができたら中央に出して，手持ちのカードがなくなったら上がりです。トランプの数字を月に見立てて行い

ます。(January⇒1, February⇒2, March⇒3……)
（1）4～5名のグループにK（13）とジョーカーを抜いたトランプを1セットずつ配る。
（2）カードをよくきり，ババ抜きの要領でカードを配る。
（3）ジャンケンで1番に引く子を決め，その子から時計周りで2番3番とする。
（4）1番の子はカードを引く相手を指名する（ここがババ抜きと大きく違うところ）。もし，4のカードがほしかったら，持っていそうな子に「〇〇，do you have April？ 4月のカードを持っていますか。」と尋ねる。
（5）〇〇が4のカードを持っていた場合，「Yes. Here you are. はい，どうぞ。」と言って4のカードを1番の子に渡す。持っていなかった場合，「No. Sorry. いいえ，ごめんなさい。」と言う。
（6）2番の子がカードを引く相手を指名して，以下，同じ要領で続ける。

「カードを引く相手を指名できる」というのがこのゲームのポイント。「誰が持っているんだろう？」「この人はさっき持っていないと言っていたから，今度はあの人に聞いてみよう。」などと子どもたちは考えます。決まった単語や文章を機械的に話す活動（mechanical practice）ばかりではなく，この駆け引きがコミュニケーション能力を高めることにつながります。

（山本　尚子）

世界の国々に関する指導

世界の「こんにちは」に目を向けさせるスキル

POINT
❶紙芝居の読み聞かせをする
❷読み聞かせで発話を促す

①紙芝居の読み聞かせをする

　文科省教材『Let's Try!』では，世界のいろいろな国のあいさつを題材としています。子どもたちは，あいさつを通して，世界には様々な言語があることを知ります。この単元の発展として，世界旅行をテーマにした紙芝居を使ったアクティビティーを紹介します。

> 紙芝居『Max Goes Around the World －マックス　世界旅行に行く－』
> 　　　　　　　　　　　　　　　　　　（絵と文　坂井邦晃　　監修　外山節子）
> 　知りたがり屋の猫の Max（マックス）が，世界旅行に出かける。各国の名所・世界遺産や文化に触れた後に，その国の猫と現地の言葉で「こんにちは」のあいさつを交わす。紙芝居に登場する国は10か国（アメリカ合衆国，ケニア，中国，韓国，オーストラリア，ブラジル，インド，フランス，フィンランド，ロシア）。

　この紙芝居の画像と読み聞かせシナリオは，NPO法人 PEN の会（にいがた小学校英語教育研究会）のホームページから無料でダウンロードできます。(PEN の会 HP　→　http://pen.officialblog.jp/)

②読み聞かせで発話を促す

　高学年との授業では，地図帳を用意させ，登場する国の位置を子どもたちと確認しながら読み進めます。また，文科省教材『WeCan!1』Unit6 I want to go to Italy. の学習をしていた子どもたちには，国名と世界遺産の復習を兼ねて，発話を促しながら読み聞かせを行います。

〈紙芝居のシナリオ：アメリカ編〉
Max was in the United States of America.
This is the Statue of Liberty.
"It's very high!", said Max. Max met an American cat.
He said, "Hello!". Max said, "Hello!"

　読み聞かせの時に，まず絵だけを見せて，その国名と遺跡や世界遺産の名前を考えさせます。「Max was in..（と下線部を読まずに，子どもたちの発言を待つ）」子どもたちは「アメリカ。」「USA!」等と発言します。そこで「Yes! Max was in the United States of America.」と読み進めます。遺跡や世界遺産の部分も同様に考えさせます。

　登場する国は10か国ですが，紙芝居なので枚数を減らして読むことも簡単にでき，また，画像をプレゼンテーションソフトに貼りつけて，大きな画面で楽しむことも可能です。

（坂井　邦晃）

世界の国々に関する指導

他教科との関連から推測する力を育てるスキル

POINT
❶日本の地図記号を英語で言ってみる
❷外国の地図記号の意味を考える

①日本の地図記号を英語で言ってみる

社会科で学習した地図記号を提示し，地図記号を英語で言ってみます。

学校 school

郵便局 post office

警察署 police station

病院 hospital

すでに地図記号を学習している子どもたちは，「学校！」「これは郵便局！」等々すぐに日本語で答えます。そこで「In English, please.」と，英語で言うように促してみます。難しい場合は，言い方を教えます。地図記号の学習をしていない子どもたちには，どんな記号か考えを発表させてから，「これは学校を表す記号です。」と教えます。

②外国の地図記号の意味を考える

日本の地図記号と同様に，1つずつ記号を見せて「What map sign is this?」と聞いていきます。子どもたちは楽しく推測し，あれこれと意見を言います。「港だよ。」「船じゃないかなあ。」とにぎやかです。

「I'll give you some hints. ヒントを出すよ。よく聞いてください。」とヒントを出すと，子どもたちは集中して聞きます。「You go there from Monday to Friday. You have P.E., music, cleaning time and club activities etc. Everyone is looking forward to lunch time.」など，学校生活に関わるヒントを出します。

さらに子どもたちの意見を出させ，言い方を教えます。「This is the map sign of a school in America. アメリカの学校の記号でした。」以下の記号も，同様に進めていきます。

【アメリカの警察署】
「This is the map sign of a police station in America.」
ヒント → 「Men and women working there help people.」
「They are heroes.」など

【オーストラリアのピクニックエリア】
「This is the map sign of a picnic site in Australia.」

ヒント → ピクニックテーブルの写真を見せる。
「This is a picnic table.」

【オランダの風車】
「This is the map sign of a windmill in Netherland.」

ヒント → おもちゃのかざぐるまの写真を見せる。
「This is a toy called a pinwheel.」

オーストラリアのピクニックエリアやオランダの風車の地図記号はその国特有のものです。その国にしかない地図記号を調べる等，発展的な学習にもつなげることができます。

(山本　尚子)

世界の国々に関する指導

オリンピックの開催地から世界に目を向けさせるスキル

POINT
❶過去の開催都市の国を考えさせる
❷開催年の言い方を練習させる

①過去の開催都市の国を考えさせる

　オリンピック・パラリンピックのような国際的なイベントは，子どもたちに様々な国に目を向けさせるよいきっかけとなります。「2020年には，東京でオリンピックが開催されます。オリンピックは開催都市の名前をつけて呼ばれます。東京のある国は，もちろん日本です。」と説明し，このように黒板に書きます。「2020　Tokyo　→　Japan」

　「では，この東京オリンピックの前の大会はどこで開かれましたか？」と聞きます。子どもたちは「リオ。」と答えます。正式な名前 Rio de Janeiro を教えます。開催都市名と国名は，カタカナの読み方でなく，英語で言います。(都市名と国名の英語での発音はインターネットで検索すると簡単に聞くことができる。事前に発音チェックして練習しておくこと。)

　「では，Rio de Janeiro のある国は？」と聞くと，「ブラジル。」と答える。これも「Yes, Brazil.」と英語で繰り返してあげ，黒板に書きます。

2016　Rio de Janeiro　→　Brazil

　「オリンピックは４年に１度，様々な都市で開催されてきました。(過去の開催年，開催都市を見せる。)では，この開催都市のある国はそれぞれどこ

でしょう？　みんなで考えてみましょう。」と課題を示します。

2012	London	→	(UK	)
2008	Beijing	→	(China	)
2004	Athens	→	(Greece	)
2000	Sydney	→	(Australia	)
1996	Atlanta	→	(USA	)

　各都市の写真，各国の国旗のカード等が用意できれば見せながら進めると，子どもたちにとってよいヒントとなります。社会科で使う大きな世界地図も掲示しておきます。また子どもたちに，各自の地図帳を使ってもよいと伝えます。最後にみんなで大きな世界地図を見ながら，オリンピックは特定の地域に偏らないように，開催されていることを確認し，また，オリンピックのシンボルマークの5つの輪は，世界5大陸を表していることも教えます。

②開催年の言い方を練習させる

　この活動を行うことで，開催年の西暦の言い方も学ぶことができます。西暦の言い方はいろいろなパターンがありますが，ここではオリンピックの名称とともに使われていた，一般的な言い方を紹介します。西暦の言い方は慣れればさほど難しくないので，子どもたちに機会あるごとに聞かせます。

2020	twenty twenty		2016	twenty sixteen
2012	twenty twelve		2008	two thousand eight
2004	two thousand four		2000	two thousand
1996	nineteen ninety six			

※この実践は，小学校向け学習・授業支援ソフト『ジャストスマイル8』（ジャストシステム社）を参考にした。

（坂井　邦晃）

世界の国々に関する指導

オリンピックのピクトグラムに注目させるスキル

POINT
❶ピクトグラムの由来を説明する
❷ピクトグラムのもととなった形を考えさせる
❸新しい競技のピクトグラムを考えさせる

①ピクトグラムの由来を説明する

　文科省教材『We Can!2』Unit6 What do you want to watch? では，競技のピクトグラム（絵文字）を取り上げています。

　この発展として，ピクトグラムの歴史や成り立ち等に注目させる活動を紹介します。実際の授業では，パワーポイント等を使って画像を見せながら，クイズ形式で子どもたちとやり取りしながら進めます。10～15分間程で行うことができ，トリビア的な内容に子どもたちは引き付けられ，自然に開催地名や競技名を聞いたり読んだりすることができます。

　1964年の東京大会，1968年のメキシコ大会のピクトグラムの画像を見せながら説明します。「These are the pictograms used for the 1964 Tokyo Olympics. 1964年に，日本での初めてのオリンピックが東京で開催されました。競技種目のピクトグラムが採用されたのはこの大会からです。These are the pictograms used for the 1968 Mexico Olympics. メキシコ大会のピクトグラムです。その後もピクトグラムは分かりやすさと同時にデザイン性も追求され，受け継がれていきました。」

②ピクトグラムのもととなった形を考えさせる

「(北京大会の競技のピクトグラムを見せる。) These are the pictograms used for the 2008 Beijing Olympics. これは北京大会の競技のピクトグラム。何か不思議なデザインです。これを見て，私たちの知っているものを思い出しませんか？」「(ピクトグラムのもととなった，古い文字の写真を見せる。) これは中国の古い文字をもとにデザインされたそうです。漢字の成り立ちを思い出させます。」

「(ロンドン大会の競技のピクトグラムを見せる。) These are the pictograms used for the 2012 London Olympics. このロンドン大会のピクトグラムは，何をもとにデザインされたのでしょう？ 実は地下鉄の路線図がもとになっています。」

③新しい競技のピクトグラムを考えさせる

さらに，2020年の東京大会の新種目についても考えさせます。「In 2020 Summer Olympics in Tokyo, we will see a lot of different sports games. Five sports games will be added. 2020年には東京オリンピックが開催されます。たくさんの競技が見られます。その中に，新たにオリンピック種目となる5つの競技があります。」以下の5つです。

sport climbing（スポーツクライミング）
surfing（サーフィン）
skateboard（スケートボード）
karate（空手）
baseball/softball（野球，ソフトボール）

「この新しい競技のピクトグラムを考えてみましょう。」と呼びかけ，絵に描かせる活動も行うと，子どもたちは新しいピクトグラムを，楽しく考えることができます。

(坂井　邦晃)

世界の国々に関する指導

パラリンピック競技への関心を高めさせるスキル

POINT
❶YouTubeで競技を観戦させる
❷競技の一部を体験させる

①YouTubeで競技を観戦させる

『We Can!2』Unit6 What do you want to watch? では，オリンピック・パラリンピックをテーマとしています。ここで，自分が見たい競技を選び，友だちと尋ね合うという活動があります。例えば，「I want to watch wheelchair basketball on TV. テレビで車イスバスケットボールを見たい。」と自分の考えを友だちと伝え合うのです。

「自分はこの競技が見たい。」という気持ちを強く持たせるためには，その競技のことをより理解させなければなりません。特にパラリンピックの競技は，オリンピックに比べてTV等での放映も少なく，よく分からないことが多いので，例えばYouTubeで，短時間でも視聴できれば「その競技を見たい。」という強い気持ちにつながります。

授業で，2016年リオパラリンピックでボッチャの日本チームが銀メダルを獲得した際の映像を見せました。接戦の時にはミリ単位の差で勝敗が決まるという解説もあり，食い入るように見入った子どもたちに，視聴後に問いかけました。「東京パラリンピックでもこの競技が行われます。Do you want to watch boccia?」ほとんどの子どもたちは，「ボッチャを見たい！」「Yes! I want to watch boccia.」と答えました。

②競技の一部を体験させる

　その競技の一部を体験してみることも有効です。私が，子どもたちに体験させたのは，ボッチャとブラインドサッカーです。

　ボッチャのボールは，県の障害者スポーツ協会で，予約をすれば無料で1週間借りることができました。

　ボッチャのボールを見せ，ルールを簡単に説明しました。「目標の白いボールに，できるだけ近づけるように，赤と青のボールを転がすゲームです。」実際にボールを転がすと，数メートル先の目標近くに止めることが難しいと実感できます。

　ブラインドサッカーのボールは，市内の特別支援学校で借りました。また，事前に練習も見学させてもらいました。

　見かけは普通のサッカーボールですが，振るとシャカシャカという音がして，子どもたちから「オモチャのボールかなあ。」という声も出ました。

　「これはブラインドサッカー専用の，音が出るボールです。ブラインドサッカーは視覚に障害を持つ人のために考案されたスポーツです。しかし，アイマスクを着けることで健常者も同じ条件で競技できます。」と説明しました。

　何人かの子どもに，アイマスクの代わりにタオルを使って目隠しをして，ボールの音を頼りに動いてもらいました。目隠しをされた子どもたちは，ぎこちない動きです。「実際の練習では，選手たちはアイマスクを着けていることを感じさせない程のスピードあるプレーをしていました。」と聞くと，子どもたちは驚いていました。

　ほんの少し体験するだけで，コミュニケーションのもととなる強い関心が生まれます。他の競技についても，機会があればぜひ体験させたいものです。

（坂井　邦晃）

世界の国々に関する指導

将来の夢を国際理解に つなげる指導スキル

POINT
❶世界6都市の子どもたちの「なりたい職業ランキング」を考えさせる
❷各都市のランキングの背景を説明する

① 世界6都市の子どもたちの「なりたい職業ランキング」を考えさせる

『We Can!2』Unit8 What do you want to be? の発展として行う活動で,世界の子どもたちの「なりたい職業ランキング」を通して,異文化理解を深めることをねらいます。

6か国の国旗を掲示し,国名も確認します(Japan, Korea, China, America, the U.K, Finland)。146・147ページを印刷したものを配ります。「Look at the country A. Aの国を見てください。Among boys, No.1 is a soccer player. No.2 is an engineer. No.3 is a doctor. 男子のなりたい職業1位はサッカー選手,2位はエンジニア,3位は医師です。Among girls no.1 is a doctor. No.2 is a teacher. No.3 is an entertainer. 女子は医師,先生,芸能人の順番です。」この要領で,6つのランキングを全て見せます。その後,グループで,どのランキングがどの国の首都のものなのかを考えさせ,発表させます。

(答え　Japan → E,　America → D,　the U.K → A,　Finland → C,
　　　　Korea → B,　China → F)

※ベネッセ教育総合研究所　第4回学習基本調査・国際6都市調査(2006年〜2007年)より

②各都市のランキングの背景を説明する

【アメリカ】
　アメリカンフットボールはアメリカで生まれたスポーツ。バスケットボールも人気が高い。また，アメリカは世界No.1の軍事大国。実は，女子の第14位にも，「soldier」がランクインしている。兵役につくと大学進学の奨学金を受けられるなどの社会的サポートがあることも人気の理由のようである。

【イギリス】
　いくつか説があるが，イギリスは「サッカー発祥の地」と言われている。サッカーの歴史も長く，イギリスのサッカーリーグのレベルは高く，有名な選手がたくさんいる。このような背景もあって，イギリスの男の子の約25％，4人に1人はサッカー選手が夢と答えている。

【フィンランド】
　日本とフィンランドの気温を比較してみると，日本より平均約10度も低い。夏でも平均約18度，冬は平均マイナス約6度まで下がる。アイスホッケーが盛ん。アイスホッケーのフィンランド代表チームは，世界選手権で2回優勝，オリンピックでは銀メダルを1回獲得している。

【韓国】
　国民性の一つとして「国際試合に熱狂する」特性があると言われている。また，2002年に行われた日韓ワールドカップでは，韓国はベスト4に入る活躍を見せた。韓国ではサッカー人気が高いようである。

【中国】
　中国では「大きな会社の幹部」になるよりも「小さな会社でも社長」になる方が社会的な成功だと考える傾向がある。そのような考え方が，このランキング結果の背景にあるようだ。

※伊東啓一氏（黒部市立桜井小学校）提供の資料を活用させていただいた。

（坂井　邦晃）

country A

	男の子		女の子
①	サッカー選手 (24.7%)	①	医者 (12.2%)
②	エンジニア (5.0%)	②	学校の先生 (10.9%)
③	医者 (4.3%)	③	芸能人 (8.7%)

country B

	男の子		女の子
①	研究者・大学の先生 (15.9%)	①	学校の先生 (17.0%)
②	サッカー選手 (12.0%)	②	芸能人 (17.0%)
③	医者 (10.3%)	③	医者 (10.6%)

country C

	男の子		女の子
①	サッカー選手 (7.4%)	①	芸能人 (7.5%)
②	警察官 (5.1%)	②	学校の先生 (7.1%)
③	アイスホッケー選手 (4.4%)	③	動物園の飼育員 (6.7%)

country D

	男の子		女の子
①	アメフト選手 (16.3%)	①	医者 (15.5%)
②	軍人 (9.7%)	②	学校の先生 (15.0%)
③	バスケット選手 (9.5%)	③	芸能人 (8.8%)

※同率3位：獣医師

country E

	男の子		女の子
①	野球選手 (14.6%)	①	保育園・幼稚園の先生 (6.2%)
②	サッカー選手 (11.8%)	②	デザイナー (6.2%)
③	研究者・大学の先生 (4.4%)	③	芸能人 (5.1%)

country F

	男の子		女の子
①	研究者・大学の先生 (13.8%)	①	学校の先生 (18.4%)
②	社長 (11.1%)	②	医者 (17.0%)
③	警察官 (8.8%)	③	研究者・大学の先生 (8.1%)

What do you want to be?
（　　　）に当てはまるランキングのアルファベットを書こう

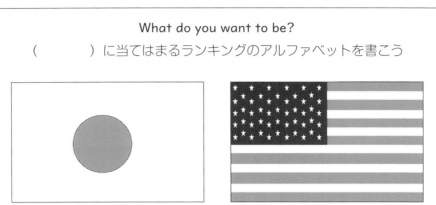

Japan （　　　）　　　　　America （　　　）

 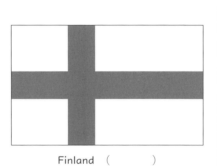

the U.K （　　　）　　　　Finland （　　　）

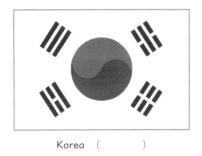 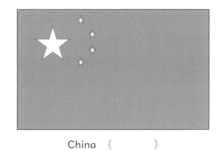

Korea （　　　）　　　　　China （　　　）

季節の行事の指導

ハロウィンを楽しく学ばせるスキル

POINT
❶ハロウィンの由来を説明する
❷ペーパークラフトで楽しませる

①ハロウィンの由来を説明する

ハロウィンは，ただ仮装をしてお菓子を食べたり，パーティーをしたりする日と思っている子どももいる。簡単に以下のような由来を説明します。

ハロウィンとは，10月31日に行われるお祭り。ヨーロッパの古代ケルト人の収穫祭が起源とされている。この日には死者の霊が家族をたずねて来ると信じられていた。日本のお盆に似ているお祭り。また死者の霊とともに来る，悪さをする霊や魔女から身を守るために，仮装をしたと言われている。かぼちゃをくりぬいて作る提灯がJack-o'-lanternで，魔よけの意味も持つようになった。仮装した子どもたちが，近くの家々をTrick or treat.（お菓子をくれなきゃ，悪戯するぞ。）と唱えて回る。これも魔よけの意味があったと言われている。

②ペーパクラフトで楽しませる

準備も簡単で楽しめるアクティビティーをいくつか紹介します。
【ハロウィンのキャラクターの顔作り】
福笑いのように，いろんな形のパーツを使って顔を作る。
（1）150ページのカボチャ，お化けをそれぞA4大に拡大コピーし，カボチャはオレンジ色の紙，お化けは白いコピー用紙に印刷する。グループ（4

〜5人）に1枚配って，形を切り取らせる。
(2) 不要な色画用紙の切れ端などに好きな形（○・▽・◇など）を切って，顔のパーツを作っておく。時間があれば，事前に子どもたちにいろいろな形に切らせておいてもよい。面白い形が出てくると盛り上がる。顔パーツは教室の前に置いた長机の上にバラバラにして広げる。
(3) 各グループで顔のパーツを取りに行く順番を決める。
(4) 教師が「Let's make a funny jack-o'-lantern! (ghost). 楽しい顔のジャコランタン（お化け）を作りましょう。Choose eyes. 目を選んでください。」と告げる。

(5) 代表の子どもが，好きな目のパーツを選び，グループに戻り，のりでかぼちゃに貼る。
(6) Choose a nose/a mouth. と完成するまで続ける。

【動くスケルトン作り】

細かい作業を伴うので，高学年向き。
(1) 151ページのスケルトンをA4大の画用紙に人数分印刷して配る。
(2) 各パーツを切り取らせ，穴開けパンチで●に穴を開けさせる。
(3) 割りピンでパーツをつなぐ。好きな色を塗らせてもよい。

（坂井　邦晃）

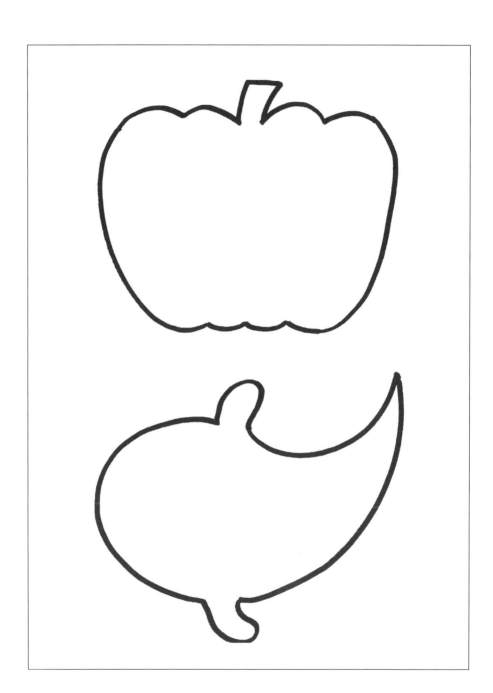

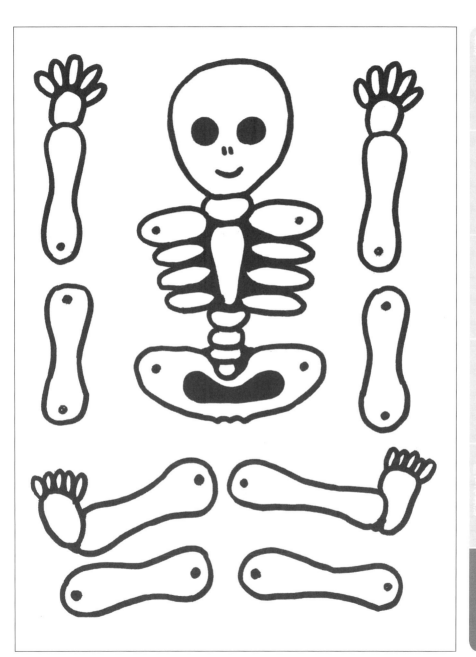

季節の行事の指導

クリスマスを楽しく学ばせるスキル

POINT
❶ クイズ形式でクリスマスを学ばせる
❷ クリスマスに関するアクティビティーで楽しませる

①クイズ形式でクリスマスを学ばせる

　子どもたちにはなじみのある行事でも，日本と外国ではお祝いの仕方や習慣に違いがあることを，学ばせることができます。このクイズは，樫本洋子氏（大阪教育大学）作成の「クリスマス・トリビアクイズ」をもとに坂井邦晃が作成したものです。

【第1問】Christmas celebrates the birth of (　　　).
　　　　クリスマスは誰の誕生をお祝いするのでしょう？
　(a) Santa Claus　サンタクロース
　(b) Frosty the Snowman　フロスティ　ザ　スノーマン
　(c) Jesus Christ　イエス・キリスト　　　　　　　　　答え　(c)

【第2問】Traditionally, there are (　　) days of Christmas.
　　　　アメリカでは伝統的にクリスマスは何日間でしょう？
　(a) 2 days　2日間
　(b) 3 days　3日間
　(c) 12 days　12日間　　　　　　　　　　　　　　　　答え　(c)

※宗派や教会，国，文化，人等によって日数は異なるが，一般的に日本よりも長い期間クリスマスを祝う。クリスマスツリーも１月になっても飾っておくことが多い。

【第３問】Santa Claus gives (　　　) to naughty children.
　　　　サンタクロースは，よい子にしていない子どもたちには，何を持ってくるでしょう？
(a) a potato　ジャガイモ
(b) a lump of coal　石炭のかたまり
(c) nothing at all　何も持ってこない　　　　　　　　　答え　(b)

【第４問】How many reindeer pull Santa Claus's sleigh?
　　　　サンタクロースのそりを引くトナカイは何頭？
(a) 9頭
(b) 7頭
(c) 5頭　　　　　　　　　　　　　　　　　　　　　　答え　(a)
※トナカイの名前は，Dasher, Dancer, Prancer, Vixen, Comet, Cupid, Donner, Blitzen, Rudolph です。

②クリスマスに関するアクティビティーで楽しませる

黒板に描いたクリスマスツリーに，オーナメントに見立てたカードを飾ります。
〈準備〉
155ページをそれぞれＡ４判に拡大した絵カード（６枚）。155ページの絵を名刺大の大きさにコピーして切り分けた絵カードを６種類（クラス人数分プラス10枚）。洗濯バサミ（クラス人数分）。ひも。マグネット付きフック（６個）。

〈やり方〉

前面の黒板に、チョークでツリーの形を描く。ひもをマグネット付きフックにかける。（ツリーの大きさ、ひもの長さは、全員分を飾りつけられるように調整。）洗濯バサミも近くに置いておく。教室の後方には、名刺大の絵カードを置く。

（1）絵カード（A4）を見せ、英語の言い方を確認する。
（2）ツリーに飾りつけをしようと呼びかけ、飾りつけをする時の言い方を練習させる。「Hang up the (bell). （ベル）をつるして。」
（3）子どもたちを列に並ばせる。（1列は4～5人。）
（4）列の最後尾の子どもは好きな絵カードを取ってくる。教師の「Ready. Go!」の合図で自分の前の子どもに「Hang up the (bell).」と言って絵カードを渡す。
（5）伝言ゲームの要領で、「Hang up the (bell).」と言いながら先頭の子どもまで次々と絵カードを渡していく。
（6）先頭の子は「Okay.」と言って絵カードを受け取り、黒板のツリーに、洗濯バサミで飾りつける。飾りつけた後、自分の列の最後尾につく。

（7）全員が1回は飾りつけることができるまで続ける。

（山本　尚子）

季節の行事の指導

バレンタインデーを楽しく学ばせるスキル

POINT
❶日本と欧米のバレンタインデーの過ごし方の違いを知る
❷指紋を使ったハート付きのバレンタインカードを作らせる

① 日本と欧米のバレンタインデーの過ごし方の違いを知る

　子どもたちに「What is Valentine's Day?　バレンタインデーとはどんな日？」と問いかけます。多くの子どもが「チョコレートをあげる日。」「チョコレートをもらう日。」と答えます。2月14日のバレンタインデーは愛を伝える日で，欧米ではこの日，男女関係なく，愛する人に「I love you.」とメッセージを書いたカードを贈り合います。

② 指紋を使ったハート付きのバレンタインカードを作らせる

（1）次ページのひな型をもとにカードを作っておいて配り，カードを贈る相手と自分の名前をローマ字で書かせる。
（2）黒板に4線を書き，Happy Valentine's Day と書く。子どもたちにそれを手本として書き写させる。空いているスペースには，相手へのメッセージを自由に書いてよいとする。
（3）用意しておいた朱肉（赤い絵の具でも可）を指先につけて下図のようにハートの形を作って見せる。完成例のようにカードの好きな場所に押す。

押す数はクラスの実態に応じて限定してもよい。カードに押す前に，他の紙で練習をさせるとよい。カードに押した指紋が乾いたら，ペンで書き込みもできる。

  　指紋でハートを描くアイデアは『Ed Emberley's Complete Fun Print Drawing Book』(Ed Emberley著) から。

(4) できあがったカードは「Happy Valentine's Day!, (カードを渡す相手の名前).」と言ってから，手渡すように伝える。

(山本　尚子)

〈ひな型〉

```
Dear _____
     _____



                              _____
                    Love, _____
```

〈完成例〉

季節の行事の指導

イースターを楽しく学ばせるスキル

> **POINT**
> ❶伝統的な行事をゲームで疑似体験させる
> ❷タマゴ集めゲームでイースターに関連した言葉を学ばせる

①伝統的な行事をゲームで疑似体験させる

　イースターはイエス・キリストの復活をお祝いするお祭りで，新しい命の誕生を表すタマゴや多産と繁栄を表すウサギがシンボルとして取り上げられます。

　エッグハンティングに見立てた「hot & cold ゲーム」を行います。おもちゃのタマゴを１個だけ使ってできる簡単なゲームです。

（１）タマゴを探しに行く子どもを１人指名して，廊下に出す。
（２）タマゴを別の１人の子どもの机の引き出しに隠す。
（３）廊下に出ていた子どもを教室に入れ，「タマゴを隠していると思う人の方に向かって歩いてください。タマゴに近づけば，みんなが「hot, hot, hot…」（熱い⇒近い，近い，近い…），遠ざかれば「cold, cold, cold…」（冷たい⇒遠い，遠い，遠い…）と教えてくれます。」と伝える。
（４）探す役の子どもは，みんなの声を頼りに，誰が隠しているか推測しながら歩いていき，ここだと思う子どもの前に立つ。当たっていれば，タマゴを取り出して見せる。はずれていれば，「Sorry. No egg.」と答える。

　イースターは新学期，４月頃になることが多いので，新しいクラスでまだ緊張気味の子どもたちが打ち解けるのにピッタリの楽しい活動です。

② タマゴ集めゲームでイースターに関連した言葉を学ばせる

　好きなイースターの絵カードを選び，その裏面にあるタマゴの数をたくさん集めるゲームです。偶然選んだカードに描いてあるタマゴの数で競うので，競争的になりすぎません。事前に両面絵カード（A4サイズ）を8枚作っておきます（下図参照）。

　表面：Easter eggs, Easter bunny, Easter bonnet, Easter basket, church, white lilies, egg rolling, egg coloring の絵と文字
　裏面：one egg, two eggs, three eggs, four eggs, five eggs, no eggs の絵　※no eggs のみ3枚用意

表面　　　裏面　　　裏面

（1）絵カードを横1列4枚で2列に黒板に貼る。
（2）クラスを2グループに分け，先攻後攻を決める。
（3）先攻グループから，全員で相談して好きなイースターの絵を選び，「Easter bunny, please.」と言う。代表の子どもが前に出て Easter bunny のカードを裏返し，クラス全員にタマゴの絵を見せる。
（4）後攻グループは「How many eggs in the Easter basket?」と尋ねる。
（5）先攻グループは「Four eggs.」と答えて，その絵カードをもらう。
（6）タマゴがないカードが出た場合はグループ全員で「Oh, no!」と言う。
（7）集めたタマゴの数を運動会の玉入れの数え方にならいクラス全員で数える。

　カードと言葉を増やして，グループ単位で行うこともできます。タマゴから産まれる動物（snake, turtle など）や春にちなんだ虫（ladybug, worm など）などがお勧めです。

(山本　尚子)

【編著者紹介】

坂井　邦晃（さかい　くにあき）
NPO法人PENの会（正式名称：にいがた小学校英語教育研究会）代表理事。主な著書に『使う場面に合わせ必ず通じるALTとの英会話授業』(2001)，『イラスト版　私も出来た！オールイングリッシュの授業』(2002)，『小学1年生が熱中する図工授業』(2003)（以上，明治図書刊），共著『英語の絵本活用マニュアル』(2010)，『指導用CD付「大きなかぶ」英語大型絵本パック』(2011)，『指導用CD付　英語大型絵本完全パック』(2011)，『指導用CD付　ORT大型絵本授業セット［入門編］』(2011)（以上，コスモピア刊）がある。

【執筆者紹介】

坂井　邦晃　　NPO法人PENの会　代表理事
山本　尚子　　NPO法人PENの会　JTE
本間　美樹　　NPO法人PENの会　JTE

小学校英語　指導スキル大全

2019年4月初版第1刷刊　Ⓒ編著者　坂　井　邦　晃
　　　　　　　　　　　発行者　藤　原　光　政
　　　　　　　　　　　発行所　明治図書出版株式会社
　　　　　　　　　　　　　　　http://www.meijitosho.co.jp
　　　　　　　　　　　(企画)木山麻衣子　(校正)㈱東図企画
　　　　　　　　　　　〒114-0023　東京都北区滝野川7-46-1
　　　　　　　　　　　振替00160-5-151318　電話03(5907)6702
　　　　　　　　　　　　　　　　ご注文窓口　電話03(5907)6668
＊検印省略　　　　　　組版所　広　研　印　刷　株　式　会　社
本書の無断コピーは，著作権・出版権にふれます。ご注意ください。

Printed in Japan　　　　ISBN978-4-18-393124-5
もれなくクーポンがもらえる！読者アンケートはこちらから　→